認知行動療法で

周囲の気持ち
がわかる
自分になる

監修
玉井 仁

JN062299

日本能率協会マネジメントセンター

はじめに

　近年、人間関係のきしみがさまざまな形でみられます。

　ちょっとした間違いも，「ごめんなさい」ですましてもら
えない雰囲気も社会に拡がっています。ニュースやマスコミ
も，そのような雰囲気をあおっているので怖いです。

　日々の対人関係でストレスを感じる人もいるでしょう。

　気が合う人とだけ付き合うというわけにはいきません。

　なんであの人とはうまくやり取りができないんだろう。

　あの人は少し勝手すぎるのではないか、何でか理解できな
い。

　知らず知らずに，人に合わせてしまい，ストレスをためて
しまう人もいれば，人が自分の思うように動いてくれずにス
トレスをためてしまっている人もいることでしょう。

　この本は，自分のもののみかたを客観的にみるステップ
と，人を6つのタイプに分類して理解していくステップを組み
合わせて，皆さんの対人関係の悩みに少しでも役に立てても
らえれば，と思って作ったものです。私が生業とする心理療
法の専門的な理論や方法をかみ砕いて，説明しています。

この本で紹介しているのは，１つは，認知行動療法というアプローチで，日本でも保険点数化されるなど，その効果も様々な精神疾患に対して確認されてきているもので，私の専門の１つでもあります。もう１つは，私の専門とは異なりますが，交流分析という複雑な人の心を分かりやすく整理して，心の悩みを解決するための理論と実践の専門家たちが見出した，人格適応論という人のタイプ論です。

　認知行動療法については，人格適応論を学べば理解しやすくなるものですから，それを通して人のタイプを理解してみてください。自分と相手の理解が深まる程，どのように相手と付き合っていければ良いのか，そんなヒントを見つけられるようになると思います。

　自分のタイプを確認して，それをしっかり読み込んだうえで，別のタイプ論へと理解を深めていくのもよし，気になる人のタイプを考えてみてもよいかと思います。いずれにせよ，自分と異なったタイプの人の考え方，感じ方，行動の傾向を理解していくことで，世界を拡げてみてください。

2021年4月　玉井仁

STEP 3 　こんなときどうなる？　タイプ別分析

STEP 4 こんなときどうする？ タイプ別解決法

STEP 5 こんな相手にはどうする？ タイプ別解決法

STEP 1

まわりの気持ちがわかるようになる 認知行動療法の基本

人の気持ちがわかるようになるために必要な ものは、自分や他人がどういう人格を持って いるかを知ることです。人格適応論も含めた 基本の紹介です。

「自分を知る」ことで楽になる認知行動療法とは

SNSが乱す
コミュニケーション

　SNS がコミュニケーション手段の一部として認識されるようになった昨今、実社会で顔を合わせて話す機会が減ったせいか、リアルコミュニケーションにおいて起きる問題が増えていると言われています。コミュニケーションにおいて起きる問題の基本的な理由は**「相手の気持ちを読みとる能力」**が、著しく低かったり、過剰に高かったりとバランスを崩していることにあります。

　人は多くの体験を通して人を理解します。たくさんの人と交流し、同じ時間を過ごすことで相手を理解し、自然と人の思考パターンを知っていくことができます。

　ところが、このプロセスを十分に行わずに大人になると、多様な性格を持つ人間の存在を知らないまま社会生活をおくっていかなければならなくなります。それが結果として「相手の気持ちがわからない」人を生み出します。

　相手の気持ちを理解できないのは、体験値の低さだけが理由ではなく、個人のメンタル的なストレスの問題もあります。SNSを通じたコミュニケーションは総じて顔を合わせたコミュニケーションよりも真意が伝わりにくく、ストレスを感じるものです。そうなってくると相手の気持ちを理解する以前の問題で、ストレスが原因で起きているコミュニケーショントラブルの可能性もあります。

自動思考を
多角的な視点に

　認知行動療法という、鬱病や不眠症を解消する際に使われる心理療法がありますが、認知行動療法は自己を客観的に認知し、多角的な視点で行動を変えていくことができるようになる心理療法です。

　認知行動療法では、なにかの事実に対して瞬間的に感じてしまう思考を「自動思考」と呼びます。

　心理状態がネガティブな状態にあると、ネガティブな自動思考が活性化しやすくなります。そして、自動思考のあとに呼び起こされる感情や行動が、結果的にネガティブな方向へと向かってしまい、悪循環に陥るのです。

　このネガティブな自動思考を修正し、見方を広げるプロセスこそ

が認知行動療法ができることです。

　人は、新しい視点をみつけられるとつらいと思っていたことや悲しく思っていたものが違うものになって気持ちが楽になるものです。

１つの事実にいろんな見方がある

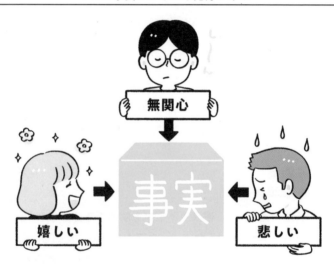

バランスをとって
落とし穴を避ける

　思考には、「自動思考」を含めた３つの深さがあると考えられています。「自動思考」は最も浅いレベルにある考え方です。もう一歩踏み込むと、その背景には『習慣としているルール』があります。「〜したら●●になる」だとか「〜するべき」といった、もしかしたら思い込みかもしれないルールに沿って自動思考が発動されます。

　そして、そのさらに先には「スキーマ」と呼ばれる自分の経験に意味づけをする中核となる価値観があります。個人の日常生活の土台になっているもので、普段は表に出てきませんが、激しい感情体験と共に表に出てきます。

　感情がおさまると同時に消えていきますが「スキーマ」はつねに心の奥底から「自動思考」に影響を与えているのです。

　これら３つのレベルにあらわれる思考が悪いということでも間違いだということでもありません。考え方の幅を広げることで、過剰であったり、必要以上にとらわれている視点を変え、思考を調整することを目的としています。バランスをとることで悪循環から脱することができるのです。自分が思っていることとは違う視点を知った上で、自分の視点を選択しているのと、知らないで選択しているのとでは、意味合いが大きく違います。

　心の奥底にあるスキーマを知ることそのものが、自分の本質を知ることでもあります。「自分はこんなにわがままだったのか」とか「意外と頑固だったんだな」と気づくことができれば、それだけでも大きな前進になります。それによって自分をすぐに変えることができなかったとしても「知る」ことが大切なのです。

POINT

自動思考による
思い込みに気をつける

人を理解するために
必要な心理

相手の気持ちを理解することと
自己肯定感

　認知行動療法の最初の段階では基本的に自分を俯瞰してみて、自分の行動を理解することを目的としますが、それだけでは「人の気持ちがわかる」ということとはつながっていません。しかし、裏を返してみれば自分の視点というのは、大抵がフィルターを通した視点です。

　つまり、人は個別に偏った視点で他人のことを認識しているのです。その偏った視点を認知行動療法によって俯瞰し、フラットな視点で眺めてみることで、はじめて自分がどんな視点でものを見ているかを知ることができます。そして、改めて他人がどんなフィルターを通して自分を見ているかを認識することができます。

このフィルターを改善するために必要なのは、前述したスキーマ＝思い込みを修正していくプロセスが必要になります。

スキーマは考え方のクセの親玉のようなもので、成長過程で適切なサポートがされなかったり、親との相性が悪かったりすることで自己否定的になる傾向が強く出てしまうことがあります。そうすると「自己肯定感」が弱い人間になってしまうのです。

自己否定的な人は、なにかとネガティブな傾向が強くなり、悪い思い込みも多くなりがちです。人間関係における問題が起きるのも、「自己肯定感」の弱さが1つの要因になる場合があります。

交流分析で
タイプを見分ける

心理療法の世界では「交流分析」という方法で、やはり自分がどんな人間かを認識し、人間関係を改善していく方法があります。その中でも「人格適応論」という、人を6つのタイプに大別する方法があるのですが、この方法だと他人の思考パターンや行動をある程度客観的に知ることができます。

交流分析は、精神科医のエリック・バーンによって1950年代に提唱されたものですが、分析を行うカウンセラーだけでなく、10歳のクライアントにも理解できるようにつくられているため、クライアント自身でも分析を行うことができるのが特徴です。

多くのカウンセラーが知っている認知行動療法と交流分析というアプローチは、学んでいくことで、他者との関係を良好にしていく

ことが可能になります。本書では、そのプロセスをできるだけわかりやすく紹介していきます。

| 人格適応論　6つの適応タイプ |

| 想像型 | 行動型 | 思考型 |
| 反応型 | 信念型 | 感情型 |

だれでもOK
交流分析の哲学

　交流分析には、カウンセリングに取り組む際の基本的な3つの哲学があります。それはカウンセラーがクライアントに対峙する際の基本的理念です。

　まず、第一に「どんな人間も人として OK である」ということ。

　どんな人間も価値があり、重要であり、尊厳があります。これはカウンセリングする相手に対する考え方であるばかりでなく、カウンセラー自身みずからその考えを持つことが大切です。

　自分は自分、人は人として受け入れる。その上で否定や批判があってもいいと考えることをベースとしているのです。

　次に、「どんな人間にも考える力がある」ということ。

　人が自分で考え、自分の望むように人生を生き、その考えをみずからに伝える力があるということです。カウンセラーがクライアントに対峙するとき、カウンセラーはクライアントの代わりに考えるのではなく、あくまでもクライアントの考える能力を活性化することに注力しなければならないのです。

人格適応論の
６つの人格パターン

　最後の１つは「人は自分の人生を生きているが、過去に行った決断を変えることができる」ということ。人は幼い頃に自分で決断した思考や感情、行動パターンに従って生きています。そして、その決断した思考や感情は、変えていくことが可能なのです。

　どんな人間も自分の意思で自分を変えられると信じることが、自分に変化をもたらしたい時にも必要となります。

　この交流分析の考え方の関係性は、自分自身とコミュニケーションする友人や上司、部下であっても同じことがいえます。どんなにダメだと思ってしまう人間でも存在価値があり、自分で考えて問題

を解決することが可能で、問題を抱えていたとしても変えていくことができるという基本的思考を持つことは、対人関係に取り組む際における重要な理念と言えます。

　これを基本土台として前述した人格適応論の6つの人格パターンについて説明したいと思います。6つの人格はそれぞれスキゾイド型＝想像的夢想家（通称 想像型）、反社会型＝魅力的捜査者（行動型）、パラノイド型＝才気ある懐疑者（信念型）、受動攻撃型＝おどけた反抗者（反応型）、強迫観念型＝責任ある仕事中毒者（思考型）、演技型＝熱狂的過剰反応者（感情型）に判別されています。特別な言い回しですが、心理学者が実際に臨床の現場で得たデータを元に区分けしたものです。

6つの人格は絡み合っている

人格適応論の6つの適応タイプは人によりいろんな形で混ざり合っています。

人はたくさんの人格を
合わせ持っている

　6つのタイプについては、このあとに少しずつ説明していきますが、すべての人が6つのパターンに当てはまるわけではありません。

　これらの人格の混合した状態もいますし、ノーマルな時の個人が持つ人格の傾向と、消極的な状態にある時の傾向が異なることもあります。どちらかというと1つの人格がベースにあり、そこにいくつかの人格が混ざり合っていると考えるのが妥当です。

　これらの傾向は、原則として各々の幼少期にににおける親との関わりに対し感じとった体験や感情に基づいてあらわれています。特に6才までの体験は大きく人の人格形成を左右しています。「3つ子の魂100まで」とよく言われますが、人格の基盤はすでに幼少期にできあがっているのです。しかし、そこから大人になる過程の中でさまざまな形で補填されたり、加算されていくことによってとらわれのない個性を発現していきます。

　人格適応論を知ることで自分でも知らない自分の側面を知ることができます。同時に自分自身を客観視することで自分の視点のフィルターを外し、他人をフラットな視点で、眺めることができるのです。

POINT

どんな人間も人としてOK
考え、変える力がある

境界線の考え方

人間関係の境界線

	言える	受け止める
NO	✕ 断り上手	✕ 調整上手
YES	○ ほめ上手	○ もらい上手

境界線を知ることで
人間関係を良好に

　ここまで人格適応論の大枠について書いてきましたが、人と人の間にある境界線という概念についてもふれておきましょう。前述した交流分析では「人はすべて OK」だとしていますが、存在を認めることと個人として批判することは別物です。

　すべてを受け入れて、自分をなくしてしまっては元も子もないですし、他者を否定ばかりして自分の存在が認められない状況に陥っても苦しくなります。

　「イエス」ということは相手を受け入れることになりますし、「ノー」ということで相手と線を引くことになります。「ノー」と言うことが相手の存在を拒絶することではなく、自分を守るためであれば大切にしたい「ノー」ということになります。図表にもある通り「ノー」ということは、断り上手であると知る必要があります。

　無理難題を「イエス」と引き受けて、大きなストレスを常時抱えていることもつらいことです。「情けは人のためならず」と言いますが、自分にとって有益だったり有意義と思えることなら、多少大変なことでも「イエス」ということに問題はないはずです。

「ノー」は存在を
否定するものではない

　人から言われる「ノー」は、あなたの存在を否定する「ノー」ではなく、自分と同じようにさまざまな都合で断らざるを得ない「ノー」であることに慣れ親しむ必要があります。

　「ノー」を違和感なく受け止めることができれば、調整上手な人間であると言えます。「ノー」と言われることにいちいちショックを受けていては、相手にとってもストレスフルなことになってしまいます。

　人はネガティブな状態に陥ると、何でもないはずの「ノー」が自己否定にまで至ってしまうことがあります。そういうときは、一旦立ち止まって自分を俯瞰してみる必要があります。

　この境界線＝バウンダリーをうまく調整できない人の多くは、幼

少期に親が必要以上に過保護だったり、威圧的であったことが背景にある場合が多いのです。または、成長してからでもなにかの拍子に大きな心の傷を負うことがあると、バウンダリーがうまく引けなくなってしまうことがあります。

同調圧力によってノーが言えない日本人

日本人は和を尊び、協調することを重視するため、無言の圧力によって他者と意見を同じにしようとする傾向がある。

バウンダリーが
苦手な日本人

殊に日本人は調和を重んじる傾向が強いので、無闇に「ノー」と言えない傾向があります。我慢に我慢を重ねて遂には引きこもってしまい、自殺に至ることもあります。

よく「同調圧力」と言う言い方があります。日本では暗黙のうちに隣人と同じであれ、というプレッシャーが強い傾向にあります。調和的であるということは、いい面もありますが、ときに突出して個性的な存在を否定してしまう悪い面もあります。

和を重んじながらも、個の意見も重んじることができるのが、お互いを大切に尊重しあう、安心できる社会です。それぞれの価値観と存在意義を認めることを忘れてはいけません。バウンダリーを引くことがうまくできない背景にはそういった社会的背景も存在しています。

もしあなたが人との境界線がしっかり持てないことに不安を感じているなら、幼少時の自分や自分が体験したトラウマ的体験が原因かもしれません。それが理由でバウンダリーがうまく引けなかったとしても、この本で紹介している認知行動療法や交流分析を使って解消することが可能です。

スモールステップで一歩ずつバランスのとれたバウンダリーを構築していきましょう。

特にノーと言えること、ノーを受け止めることに対して必要以上にこだわりすぎないことが人によっては、大事かもしれません。ノーという言葉は否定を意味しますが、単なる意見の表明であって、個人そのものの否定ではないということに意識を向けなければいけません。

POINT

人と調和のとれた
境界線をつくる

毎日記録して
心の天気を診断しよう

認　知行動療法は、自分に起きている事実や思考を記録することで、客観的に自分を俯瞰するということをします。通常は次章の冒頭に示すように出来事に対して記録をつけていきますが、もう少し全体的に日別の変化を天気のように測っていく方法もあります。

気分の良い日は晴れ、悪いときは雨、まぁまぁの時は曇りのようにカレンダーに書いていきます。気持ちの変化がどのようなものだったかを1週間や1ヶ月というスパンで確認していきます。

そして、その結果、どのようなことがわかったか書き出していくのです。自分の思考の変化にリズムのようなものがあったり、特定のイベントがあるときだけ雨だったりするときは、そのときになにがあったかも別途日誌をつけても良いかもしれません。もしかしたら曜日別に

　気分の良くない日があるかもしれませんし、朝、昼、晩で段階的に書いてみると、気分が良くないのは夜だけということもあるかもしれません。

　結果的に自分の思考がどんな変遷を遂げているかわかるようになります。長く記録をとればとるほどデータが蓄積され、自分の日常の心の変化に対して客観性を持たせることが可能になります。

　これはダイエットなどで使われる「レコーディング」と方法論としては同じものです。記録をとることで自分の行為を丁寧に考察するのと同じように、心の天気も深く考察することを試みるのです。

　そうすることによって自分がどうしたらストレスのルーティンから脱出し、より良い心の状態をつくっていけるかを知ることができるのです。

STEP 1

理解度チェック

- ☐ 事実に対しての偏った思い込み＝自動思考を修正することは認知行動療法のステップ

- ☐ スキーマ＝価値観＝思考の土台が自動思考の起点となっている

- ☐ 考え方のクセによっては自己肯定感が低くなる

- ☐ 隣人と同じでなくていい。自分らしく他者と調和することが大切

- ☐ どんな人間も「OK」「考える力がある」「決断をしなおせる」が交流分析の哲学

- ☐ 「3つ子の魂100まで」人格の基盤は幼少期にすでにできあがっている

- ☐ 存在を認めることと、自分を守るために境界線を引くことはどちらも可能

STEP 2

心の整理整頓
自分はどんなタイプ?

まずは、セルフモニタリングをして、さらに人格適応論の6タイプの概要を紹介します。自分がどのタイプか判別してみましょう。

自分はどんなタイプ？
セルフモニタリング
しよう

自分を俯瞰するのは
簡単にはできない

　本書では、認知行動療法と人格適応論を組み合わせて自分や人を理解するためのプロセスを学びます。ここではまず認知行動療法の基本的な「自分を俯瞰する」ということに取り組みます。

　しかし、自分を俯瞰するというのは知ってしまえば簡単なことですが、知らないで客観視することを習慣にするのは、簡単なことではありません。そのために段階を追って確認していく必要があります。

　第一にやることは状況を整理することです。人は１つの起きた事柄に対して一定の順番で応対します。起きた事実に対して自動思考が生じ、それに応じた感情が沸き、行動します。この内的状況をす

べて書き出してみます。

　たとえば「出した企画がダメ出しされた」という事実に対して、自動思考で「俺はダメな人間」という思考が働き、感情は「落ち込む、悲しい」、行動は「泣く、ひきこもる」という状況があったとします。こうして書き出して見直すことをくり返して「ダメ出しされたのは企画であって自分じゃない」だとか「泣くほどのことだったのか」と客観的に俯瞰できるようになります。

記録することで
自分を客観視する

　自分なりにこれらを書き出していく方法もありますが、状況確認シートという状況を客観的に書き出すツールもあります。

　自分を客観的に眺めるこのプロセスを「セルフモニタリング」と言います。自分の行動や感情、思考を記録することで客観的に自分を眺めて、過剰な自動思考やバランスを欠いた行動を知ることができます。

　こうした記録をとることはただ客観視すること以外にも、記録していくことでモチベーションを維持する効果もあります。自分を知り、変えていこうと思い続けるには、それなりの覚悟と維持するモチベーションが欠かせません。定期的に記録をとることを日記のようにしてしまえば簡便に習慣にすることが可能になります。

　また、記録を残していくことによって長期的な視点でその思考や行動の変化を知ることができます。以前より改善しているとか、逆

に過剰に振れてしまっているということを客観的にふりかえること
ができるのです。こうして自分をモニタリングしていくプロセスの
中で、自分が持っている「自分もよく知らなかった気質や性格」を
知ることができます。

　ストレスフルな状況下でセルフモニタリングを行い、起きている
状況から離れて客観視することで、少しだけストレスを緩和するこ
とができます。強いストレスを感じていた感情を弱くできることは
非常に大事な力です。

自分の感情を記録しよう

部長に
怒られた

変えて
いきたい

俺は
ダメな人

他の時は
普通

クレームは
3回目

セルフモニタリングで
知らない自分を知る

　人は他人に指摘されると認めることができないようなことでも、自分で確認できたことは素直に認めることができます。自分のネガティブな要素やポジティブな要素を知り、理解を深めることでどうしていくべきかを判断する力がついていくです。

　日々セルフモニタリングを続けていくと、自分には一定の傾向があるということに気づけます。一定の事象に対して一定の自動思考が働いてしまう自分。これらのいきすぎた行動や思考にによって苦しみが続いたり、人間関係に悩んでしまったりするのです。その対応方法は認知行動でも人格適応論の方法の両方ですすめられます。

　どちらの場合でもセルフモニタリングして自分を知っていくことは不可欠です。認知行動療法では、モニタリングすることで自分の考え方のクセを認知していきますが、人格適応論では人の持つパーソナリティを大別して知っていきます。

　まずは、モニタリングした記録を元に人格適応論のどれに自分が当てはまるのかを調べてみましょう。

POINT

自分の出来事を
記録して俯瞰しよう

人格適応論6つの適応タイプのチェックシート

　本来ならば「ジョインズ人格適応型心理検査」という72の質問に答える本格的な質問シートがありますが、今回は簡易的な質問シートでその判断を行います。項目別の得点を書き出し、自分がどの適応タイプの傾向が強いかを判断しましょう。

			かなり当てはまる	当てはまる	あまり当てはまらない	当てはまらない
タイプA	問1	1人でいる時間が好きだ	4	3	2	1
	問2	話すより聞いて考える方が多い	4	3	2	1
	問3	注目されることは苦手だ	4	3	2	1
	問4	自分の欲求を人にいうことを申し訳なく思う	4	3	2	1
	問5	空想する時間が好きだ	4	3	2	1
タイプB	問1	なにかと器用に立ち振る舞う	4	3	2	1
	問2	刺激的なことが好きだ	4	3	2	1
	問3	決まり事が嫌い	4	3	2	1
	問4	正しいことのためには危険も厭わない	4	3	2	1
	問5	どうしても欲しいものは必ず手に入れる	4	3	2	1
タイプC	問1	こだわりが強いほうだ	4	3	2	1
	問2	あまり人を信用しないほうだ	4	3	2	1
	問3	悪いことが起きる前にきちんと備えるべき	4	3	2	1
	問4	自己管理することが好きだ	4	3	2	1
	問5	我慢強いほうだと思う	4	3	2	1

			かなり 当てはまる	当てはまる	あまり当て はまらない	当て はまらない
タイプ D	問1	どんなことも楽しんで 取り組みたい	4	3	2	1
	問2	やりたいことを 自由にやるべき	4	3	2	1
	問3	人に指示されることは嫌いだ	4	3	2	1
	問4	ユーモアを大事にしている	4	3	2	1
	問5	白黒はっきりするのが苦手	4	3	2	1
タイプ E	問1	責任感が強いほうだ	4	3	2	1
	問2	いつもせわしない	4	3	2	1
	問3	無駄な時間は嫌い	4	3	2	1
	問4	何事も計画的にやらないと 気が済まない	4	3	2	1
	問5	気持ちよりも しっかり考えることが大事	4	3	2	1
タイプ F	問1	心地いいことが好き	4	3	2	1
	問2	良い人間関係がとても大事	4	3	2	1
	問3	人を喜ばせることが 一番好き	4	3	2	1
	問4	どちらかというと社交的	4	3	2	1
	問5	人の意見に振り回されがち	4	3	2	1

タイプ別合計点計算表

	タイプA 想像型	タイプB 行動型	タイプC 信念型	タイプD 反応型	タイプE 思考型	タイプF 感情型
合計	点	点	点	点	点	点

想像型は
想像的夢想家

1人が好き

空想を好む

哲学、科学が好き

コツコツ
取り組む

親切、優しい

想像型はコミュ障でも
職人気質

　まず、1つめのパーソナリティはスキゾイド型、別名想像的夢想家と呼んでいます。わかりやすくするためにここでは想像型と呼びます。どちらかというと団体行動が苦手で、1人を好み、行動するよりも空想するのが好きなタイプです。

　1人でコツコツ確実になにかに取り組むことが多く、いわゆる哲学者や作家のような性格をしています。恥ずかしがりで人とコミュニケーションをとることがそれほど上手ではなく、こもりがちで研究熱心です。一方で感受性が強く、思いやりがある側面もあります。コミュニケーションは苦手ですが、親切なところもあります。

　職業的には、小説家や学者などの1人個室でコツコツと取り組む

STEP2

STEP1　STEP3　STEP4　STEP5

ような職のほか、カメラマンや家具職人などの専門的知識を重ねて作品を創作するような仕事についている人が多い傾向にあります。

　「コミュ障」といわれるようなコミュニケーションを行うことが苦手な人に多いタイプです。対人関係は苦手ですが、得意な分野に関しては人一倍情報量も多く、技術力が高い傾向にあります。

人格適応論の2つのタイプ

　6つの人格適応タイプは、「生き延びるための適応タイプ」と「行動上の適応タイプ」にわけられます。

　「生き延びるための適応タイプ」というのは、1才半までの幼児期に培われたもので、赤ん坊時代ににおける親との体験や期待された態度が影響します。

　「行動上の適応タイプ」は1才半から6才までの間の環境により置かれた状況や要求されたことに起因することがパーソナリティを形成するものです。想像型、行動型、信念型は生き延びるための適応タイプで、反応型、思考型、感情型は行動上の適応タイプです。

　人は必ず1つの生き延びるための適応タイプと、1つの行動上の適応タイプを持っていると言われています。それぞれのタイプが幼児期にどんな体験を親から受けてきたかによって、同じような人格形成がされていることが、研究からわかっています。その組み合わせを知ることによって、ある程度の個人の基本的人格を知ることができると考えられています。

35

当惑した養育をする親に期待することをやめた

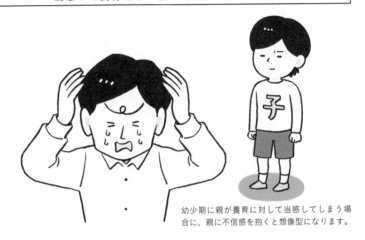

幼少期に親が養育に対して当惑してしまう場合に、親に不信感を抱くと想像型になります。

親への期待を諦め
1人で空想の世界へ

　想像型は、生き延びるための適応タイプです。親が自信を持って子どもの世話をできず、正しい選択がわからないまま曖昧な態度を示した結果、子どもは親に対して不信感を抱き、期待したものが得られないと感じてしまうと、このような人格が形成されます。

　親の態度が曖昧であることだけでなく、親が仕事や家事など自分のことで精一杯であったり、子どもに対して時間が割けないようだと、子どもは親に対して期待することを諦め「もう要求しない」「自分でなんとかしければ」と強く感じた結果、想像型になります。

　コミュニケーション能力が低く、どこか団体行動を苦手とするような人は幼児期に親に対する「諦め」を感じた可能性があります。

自分の世界に閉じこもり、期待することをやめ、空想することで自分を守るのです。コミュニケーションを行うことに対する抵抗感はありますが、想像力豊かで高い芸術的センスを持つことが多い傾向にあります。

作家や哲学者は
幼少期に孤独を抱えていた？

　想像型は、その後の成長過程で十分に補填要求を満足される体験を持つとこの傾向は和らぎますが、完全にはなくならないと考えられます。趣向としては読書が好きであったり、おもちゃやゲームなどに没頭して遊ぶ傾向があり、他人と交流することに積極的ではないかもしれません。

　有名人ではアリストテレスやゲーテなどの哲学者、夏目漱石や石川啄木などの小説家、詩人に代表される作家気質な人間がその典型と言えるでしょう。アリストテレスは幼少期に父を亡くし、夏目漱石も生まれてまもなく里子に出されています。作家の多くが幼少時代に孤独な時代を過ごした経験が背景にあることから、この適応タイプに対する考察が正しいことを証明しています。

POINT

当惑した親に諦め
孤独な空想の世界へ

PART 03

行動型は
魅力的操作者

刺激、興奮が好き

瞬発力で解決

権威的
なものが嫌い

内気にこもる

エネルギッシュ

リーダー気質

行動型は目立ちたがり屋で
リーダーシップがある

　反社会型＝魅力的操作者は一般に行動力が高いので行動型と呼びます。エネルギッシュで活発かと思いきや、引きこもるときもある独特の性格をしています。刺激と興奮を好み、ドラマティックであることを好みます。

　権威的なものを嫌い、社会的規範と闘争する傾向にあります。つまり革新的なものやリベラルな傾向が強い人は割と行動型と言えます。

　考えるより先に動く性格で、直感的感覚的に判断を下す傾向も非常に強いです。また、リーダーシップが強く、新しいことをはじめることにも躊躇がありません。

スペシャルであること、特別扱いを受けることを好み、人より優位であろうという思いが強い傾向にあります。

優位であろうという思いがリーダー気質な傾向と結びついています。

学校のクラスに必ずいる、目立ちたがり屋さんはこの行動型です。華やかで闊達な性格で、いつでもエネルギッシュに見えます。

でも、ときに内気で引きこもるような側面もあり、どこか気まぐれにも感じられます。自分の利益になるかどうかで、物事の判断を下すような側面も時折見られます。

先まわり養育をされた結果
欲求が満たされなくなった行動型

行動型は、「生き延びるための適応タイプ」に属し、子どもが欲求を表す前に親が先取りして養育するスタイルをとって育てられた傾向にあります。

よく「子どもに先まわりしてやってあげすぎないほうがいい」ということを幼児教育の際にいうことがありますが、先回りをしてしまうと行動型のようなパーソナリティを生む傾向にあります。

これは親自身が、どこか刺激に飢えていて「世間に良い母親である」ことを示そうとするためにやっていることがあります。

結果的に子どもは欲求を満たすことに受動的になり、やってもらえることが当たり前になります。また、このタイプの親は自分の欲求を優先させる傾向もあるので、先取りする養育にもムラがありま

す。子どもは、待っていても欲求が満たされないことを知り、見放されたと感じてしまいます。

　また、自分の欲求が満たされて当たり前だと思っている子どもは、親の注意を引こうとして目立った行動に出ます。そして、自分の欲求を満たすような行動をとるように、対人関係で相手をコントロールしようとします。

　つまり、行動型は満たされていたはずの欲求が満たされなくなったことに対する渇望を原動力に生きています。

先回り養育にムラがあると子どもは欲求不満に

あ
やって…

これ
やって…

子

…

先回り養育していた親が欲求を満たしてくれなくなった時、子どもは1人で生きていく選択をします。

革命家やリベラル思想は
ほとんどが行動型？

　こうして人のパーソナリティの根本原因がわかると、人の持つポ

ジティブな要素やネガティブな要素の理由が透けて見えてきます。

その人の背景にどんなバックボーンがあったのかを知ることはパーソナリティを知る上で欠かせないものです。

行動型は、バリバリ仕事をするキャリアウーマンやパワフルなクリエイターになります。革新的で新しいものに挑戦し、エネルギッシュでとても扇動的です。

わかりやすい有名人でいうと南米の革命家チェ・ゲバラです。まさに反権力的な革命家です。いかにも貧民の味方というように見えるゲバラも実は、アルゼンチンの裕福な家庭に生まれ、医学生でした。それ故に激情的で革命に燃える戦士になったとも言えます。

考えてみれば安保闘争の舞台になったのも、東大という日本の頭脳のトップともいうべき大学でした。反権力やリベラル思想が必ずしも行動型と直結するわけではありませんが、傾向としては近いところにあるのかもしれません。

もしも反権力的思想が、行動型の人格によって支持されているとしたら、彼らは長期的にじっくり思考できない傾向にあるとも言えます。焦って決着させようとせず、ちょっとずつ未来を見据えて思考することが行動型には必要です

POINT

欲求が満たされないため
自分で満たすことを選んだ

信念型は才気ある懐疑者

保守的

任侠心

大袈裟

疑り深い

デリケート

伝統的な
ものを好む

保守的で硬派な信念型
繊細で綿密に計画する

　次はパラノイド型＝才気ある懐疑者です。一般に信念型と言われます。行動型とは真逆で非常に保守的でじっくりと思考して物事を判断します。何事にも慎重でデリケートな性格をしています。

　とても感受性が豊かですが、それだけに繊細で疑り深いところがあります。どんなことでも綿密に計画的に行うことを好みます。あまりに緻密にものを考えるので、周囲からはちょっと大袈裟に思われてしまう側面もあります。

　敏感なので普通の人が平気だと思うようなことでも大騒ぎしてしまうことがあります。堅い決意を胸に持っていますので、揺るぎな

く安定したものを好む傾向があります。

　疑り深いというのは言葉にしてみるとネガティブですが、物事を深く考察するということでもあり、知的で本質を見極めようという高い思考力を持ち合わせています。

　新しいものや革新的なものや流行のものより、伝統的で本質的なものを好みます。直感や感覚で物事を判断をしないので、人から信頼のおける人物として見られます。

　どこか朴訥とした印象がありますが、任侠心は強いのです。

一貫性のない親の養育が
信念型の頑固さを生み出す

　信念型の保守的な傾向も、子ども時代に親から受けた養育に大きく影響されています。信念型も「生き延びるための適応タイプ」です。

　信念型は、時に愛情深く、ときに批判的で拒絶的であるという一貫性のない養育を受けて成長しました。結果的に子どもはどうしていいかわからず当惑してしまいます。

　この傾向は、親がストレスにさらされていることが影響しています。疲弊してときに感情的になり、そうではないときは優しく愛情深い。子どもはそんなちぐはぐな対応をする親にどう接すればいいか正解がわからず、親に対しても物事に対しても疑り深くなります。

　その反動で確かなものに対する憧れが芽生えます。手堅く安定したものを求めて、いつでも慎重かつ丁寧に計画を立てて物事を進めます。「親のふり見て我がふり直せ」とよく言いますが、人間だれしも

反面教師になる面と「カエルの子はカエル」という面があります。そうして信念型のような同調と反動を合わせ持つ１つの人格ができるのです。

ですから、判断力に対して不安があるのは親と同じですが、一貫性を持つべきというのは反動から来ているものなのです。

信念型は、芯が強く堅い意思を持っていますが、それは幼少時代につねに不安を抱えて生きてきたからに他なりません。「自分でしっかりしないといけない」という思いから揺るぎない意思を持つに至ったのです。

愛情深さと拒絶が共存し、一貫性がない養育

時に優しく、時に驚くほど批判的な養育スタイルをとると一貫性のなさを感じ、疑い深い性格になる。

信念型の典型は
硬派代表高倉健

この任侠的でどこか保守的に見える人物像というと、名優として

名高い高倉健です。どこか不器用で朴訥としていながら、芯の通った性格は、まさに信念型の典型です。決して華美で激しくはないけれど揺るぎない強さを感じるキャラクターです。

　物事を深く考え、安定的にも見えます。思考が保守的かどうかは、確かなことはわかりませんが、どこか意思が堅いように見えるところがあります。高倉健は、幼少時代両親が共働きで父親はほとんど家にいなかったと言います。母親は仕事をしながら、子どもを養いストレスフルであったろうことは容易に想像が付きます。

　愛情深いながらも、ときに拒絶的だった母、またはたまにしか帰って来ない父に対する当惑する思いがあったのか、高倉健は非常に任侠的なキャラクターになりました。

　保守というと硬派であったり、不良なイメージもありますが、典型的な不良の親もどこか真面目で硬派な人の親も、愛情深さと突発的で激情的になる要素を合わせもった母親像が思い浮かびます。

　適応タイプと親の養育スタイルがここまで一致すると、大きな説得力があるものです。

　いずれにしても、人が子供時代の大人とのやりとりによって人格を形成していくのだということがこのことからわかります。

POINT

一貫性のない愛情から
決別し保守的になる

反応型はエネルギッシュで
ユーモラスなひねくれ者

　受動攻撃型＝おどけた反抗者は、わかりやすくいうと反応型です。おどけた反抗者という言い回しの通り、どこかユーモラスでありながらにして攻撃的になることもあります。

　エネルギッシュで活力があり、楽しむことを大変好みます。一方で、態度としては受動的で一見こだわりがないようにも見えます。その実、頑固で一旦スイッチが入ると、とても攻撃的にもなります。どこか掴みどころがなく、ユーモラスな性格をしているのが反応型です。思い通りに行かないとすねて、怒りをあらわにすることもあり、自己中心的な側面もあります。

STEP2

STEP1　　STEP3　STEP4　STEP5

　かといって軽薄な性格なわけではなく、物事に対しては粘り強く取り組むことができます。非常に社交的で多くの人と関わることが好きです。

　また、基本的な関係性は受動的なので、反応型は多くの人に好かれます。先頭に立ってなにかをやるよりは、参謀的立ち位置で器用にふるまうことを得意とします。

　その受動的性格のせいか、なにかを決断することを苦手とし、二者択一の選択をすることに大きな葛藤を持ちます。決定を下したあとでも葛藤する傾向にあります。

親が子どもに強く依存すると
子どもは逃避するために楽しむ

　反応型は「行動上の適応タイプ」です。割と特異なタイプですが、実は親の養育は、管理のしすぎというスタイルです。

　「あれをしなさい、これはやったの」と干渉されすぎて自分が自分らしくあるために、親との戦いを余儀なくされるとこの適応タイプになります。

　子供は生きることを闘争することのようにストレスフルだと感じ、そこから離れて楽しむことやユーモラスでいることに興じます。親のあまりに過干渉な姿勢に反発して、攻撃的になるときがあり、直接攻撃ではなく、遠回しに嫌がらせをするような行為に及びます。

　また、好き嫌いで物事を判断する傾向にあり、一旦集中すると人の声が耳に入らないくらい夢中になります。

過干渉な親の態度に闘争することを選択する

親の養育スタイルが独特で、子どもに対する執着が強いと子どもは闘争することを覚え、反動として楽しむことを大切にします。

好き嫌いははっきりいう割に、決断することが苦手なので、人によっては優柔不断と見る人もいます。

親が管理をしすぎるという言い方をすると、厳しい教育を強いる親という見方をするかもしれませんが、どちらかというと子どもに対して「こうあってほしい」という執着が強い親ということです。

厳しい教育を強いる場合には別の適応タイプになるので、見解が少し違ってきます。親の干渉体質を受け継ぐのか、なにかに対して強い執着を抱くこともあります。人とは違った独特のものに惹かれ、他人の評価とは関係なしにとらわれてる人もいます。

反応型はユーモラスで頑固なビートたけし

反応型は、有名人に例えるとビートたけしです。子どものように

無邪気でユーモラスでありながら、その実頑固で忠実なイメージがあります。こだわりがないようでいて、好き嫌いに対してはそれなりにはっきりものをいうスタイルは、まさに反応型そのものと言えます。ビートたけしは、芸人でありながら映画監督という根気よく取り組まないと達成できないような粘り強い創作意欲も持ち合わせています。一見ユーモラスで何事も飄々と応対しているようですが、自分が責められるとなると襲撃事件を起こすほどに攻撃的になることもあります。

　母親の北野さきさんは書籍を出版し、ドラマ化されるほどの名物母として知られていましたが、やはりおせっかい焼きで独特の価値観で子どもたちに強い愛情を持って養育していました。それがビートたけしにとっては、強い執着と捉えられ、闘争する代わりにユーモラスな性格を生み出したと言えるでしょう。

　おどけているようで、心の奥底に鋭い洞察力を潜め、実は頑固なところがある憎めないキャラの反応型です。

　受動攻撃的という特殊な性格を持ちますが、理解するとその本質がよく見えるのは興味深いことです。ユーモアと知性を同時に持つ反応型は、知るほどに親しみが持てる側面があります。

POINT

過干渉にストレスを感じ
受動攻撃的になった

思考型は責任感ある仕事中毒者

生真面目

完璧主義

落ち着かない

全体を見る

とても厳しい

くつろげない

思考型は責任感のある
生真面目な完璧主義

　脅迫観念型＝責任感ある仕事中毒者は、一般に思考型と言います。簡単に言ってしまうと生真面目なタイプです。つねに模範的で、正しい行いをしようとします。責任感が強く、良心的で完璧主義な傾向にあります。

　なにかを達成することに人生の目的を見出します。正義感が強く、間違ったことをすることを好ましく思いません。つねに緊張感を持ってなにかに取り組み、なにかを一生懸命やっていないと落ち着かないタイプです。

　反応型とは違って楽しむことに関心がなく、なにかに真剣に取り

組むことを好みます。

また、短期的にではなく、長期的かつ全体を見通して意義のあるものを行うべきだという考えを持っています。自分に厳しく、つねに鍛錬することを心がけ、他人に対しても厳しく鍛錬すべし、と指導する傾向も持ちます。

何事においても一生懸命やることと正しくやることを大事なことだとし、器用にやることを好まない場合もあります。思考型は、正しさと勤勉に働くことを最も行動の基本としているのです。

目標達成に価値を置き
評価を求める

思考型も「行動上の適応タイプ」です。思考型は、まさしく親に達成することを強く望まれたタイプです。

なにかをできるようになること、評価に値することをできるようになることに価値があると養育されると、評価されることに必要以上に執着するようになります。

達成できないこと、評価に値しない存在になることは思考型にとっては恥であり、屈辱的なことであるという強い思いが背景にあるのです。

いわゆる教育ママ的な親の元で養育されると、この傾向になります。テストで100点をとること、かけっこで1位になること、先生に褒められること。評価されることが大事だと教えられた子どもは、何事も完璧にできるようになることを心がけます。

　一方で、知的で洞察力も非常に高いので、順応性も高いのが特徴です。

　自分がどうすればこの場に馴染めるかということも高い判断力によって達成することができます。人に頼られ、集団の中心的存在として力を発揮することも多いです。

　みずからリーダーシップを主張するタイプではないですが、結果的に集団を牽引する立場になっている種類の人間です。

達成することを望まれて完璧主義になる

親の厳しい養育スタイルに応えようとしてひたすら生真面目に完璧にこなすことに努めるタイプ。

思考型は生徒会長タイプ
評価だけじゃなく正しさも大事

　思考型の典型的な例を、実在する有名人で提示するのは簡単ではありません。

学校で言えば学級委員長や生徒会長になるような真面目で頭脳明晰でだれからも頼りにされるようなタイプなのですが、タレントや俳優はそもそもキャラクター的にも世俗的なのでエリートでありかつ、どこか華美であったりします。

あまりぴったりハマる人がいないのですが、アニメでいう『ドラえもん』の出来杉くんでしょうか。つねに精錬潔白なイメージで、完璧です。

この適応タイプの多くは、親もやはりエリートで完璧主義な傾向であることが多く、それを受け継ぐ側面があると同時に、結果だけでなく正しく行うことが大事だという、評価されることだけがすべてではないという反動的意識も少なからず働きます。

また、欠点がないように思われる思考型ですが、楽しむことを苦手とするので、上手く緊張感を解くことができません。娯楽を楽しむということが得意ではないということが唯一の欠点かもしれません。

思考型はいわゆる典型的な優等生キャラといえるでしょう。

親の求めるものにどちらかというと従順に応えようと生きてきたのがこのタイプの特徴でもあります。

POINT

達成することを求められ完璧主義になった

感情型は
熱狂的過剰反応者

利他精神

心地いいものが好き

楽しみたい

思考が苦手

感情的

人の気持ちが
気になる

感情型は慈愛の精神を
持つ福祉的人格

最後の演技型＝熱狂的過剰反応者は、一般に感情型と言われています。熱狂的過剰反応者と文字にすると非常に過激に思えますが、実際は利他精神、福祉的な心持ちの人のことを指します。

人助けや人に楽しんでもらうことを心から愛し、エネルギッシュに人を楽しませることが大好きです。人と交流することに愛着を持ち、心地いいと感じることが自分自身も好きです。

思考よりも感情で物事を判断する傾向があり、知性よりも直感や感覚を優位に働かせる傾向があります。ときにそれが理性的でない判断になってしまうこともあり、それが自惚れや過剰反応として顕

STEP2

在化してくるのです。

思考することを横に置いて、心地いいほうばかり選択していると正しさを忘れてしまうことがあります。正しさを欠いた判断をして熱狂していると、自惚れと捉えられてしまうことがあるのです。

　また、感情型の強い利他精神がいきすぎて過剰な対応になってしまうこともあります。

　だれかのした行為が相手を傷つけているのではないか、相手を喜ばせられない自分はダメな人間なのではないかという思いから、過剰な態度に出てしまうこともあります。

人に喜んでもらえないと
過剰に関心を引くようになる

　感情型も「行動上の適応タイプ」です。感情型の親の養育スタイルは、人を喜ばせることを最も大事なこととします。

　子どもは親や他人を喜ばせるために従順に振る舞おうと努力するようになります。もし、それがうまくいかずに喜んでもらえないと自己否定的になり、必要以上に相手の関心を引こうと過剰になります。

　しかしながらベースにある態度は非常に社交的で無邪気、慈愛溢れる傾向にあるので、その優しさに触れて喜びを得る人のほうが通常は多いものです。

　ただ、想像型のような孤独を愛する人からすると、感情型のやたらと愛情を振りまいて交流を深めようとする態度に違和感を強く感じる可能性はあります。

　感情型の人からすると、それは、大きな失望につながり、人を喜ばせられなかった自分を過剰に責めてしまうことにもなります。

　感情型は感覚的なことを優位に考えるので、そんなときに冷静な判断で状況を考察することは苦手です。

　感情型の人にとって人を楽しませることは最も有意義で、みずからにエネルギーを沸き起こさせるものなので、それが肯定される状況に身を置くことがとても大事なのです。

人を喜ばせることが大事と養育された

人のために生きることを大事なことと養育され、素直に福祉的に生きる選択をしたタイプ。

マザー・テレサのような
利他精神の人が感情型

　感情型の典型は、修道女マザー・テレサです。

　慈愛と利他精神で人生を謳歌している看護師や介護福祉士のようなタイプです。ボランティア活動やクラウドファンディングに積極的な姿勢を示すのもこのタイプには多いです。

　だれかに尽くし、喜んでもらうことが大好きなのでサービス業をやる職業にも向いている人が多いはずです。

　ただ、何事も感情的に捉えて冷静な判断を下すことがあまり得意でない感情型は、思考型や信念型のような冷静で明晰な人の言葉に耳を傾ける役に立つことがあるかもしれません。当然のことながら感覚的な判断だけで物事を進めるのは非常に危険なのです。

　一方で感情型の情熱的で活発な立場は、活気のある場をつくるという意味では欠かせない存在です。

　逆に言えば思考型や信念型は人に施しをしたり、積極的に誰かをサポートすることは苦手だったりします。お互いのマイナスを補いあって、良好な関係性を築けることが最も理想的なことであることはうたがいの余地がありません。

　人の面倒を見るのが好きな感情型は多くの人に愛されます。職場においては縁の下の力持ちのような立ち位置で集団を支える太鼓持ちになるでしょう

POINT

人に好かれることが
一番大切だと教わった

人の気持ちが
わかりすぎる性格「hsp」

こ数年で急速に認知されるようになったhspという人の気質に関する傾向があります。「ハイリー・センシティブ・パーソン」の略で、視覚や聴覚などの感覚器官が普通の人より敏感で、感受性が強すぎる傾向にある人のことを指します。彼らは、後天的にそうなったのではなく、生まれつき感覚が強い傾向にあるのです。

彼らには代表的な４つの傾向があります。「五感の刺激に敏感」「深く考えこむ」「共感する力が人より強い」「小さな刺激に対する感受性が強い」の４つです。

つまり、普通の人よりも過敏に物事に反応し、深く落ち込んでしまう傾向にあります。全人口の５人の１人はhspの人がいると言われており、集団の中の約20%の人がhspということになります。

　人の感情の変化に対して非常に過敏なため、コミュニケーションの際に喜怒哀楽を過剰に受けとり、過度にネガティブに受けとる傾向にもなります。これは人の気持ちがわからないというよりは、わかりすぎてしまうということです。正確に言えば、実際よりも過剰に受けとってしまうことでもあります。

　hspの人は、自己肯定感が低く、共感する力は強く、疲弊しやすい傾向があります。そのために抑うつ状態に陥りやすい人も多いのです。彼らの気質は生まれつきのものなので、傾向を多少抑えることは可能でも完全に解消するのは難しいのです。

　研究熱心で、人の気持ちに気づくことはいいことでもあります。自分に適した職業や環境に身を置くことで抑うつ状態は抑えやすくなります。

STEP 2

理解度チェック

☐ 自分に起きた事実に対して行動、感情、思考に分けて書き出すのがセルフモニタリング

☐ 想像型は、コミュ障だけど博識で1人でタスクをこなすのが上手

☐ 行動型は、エネルギッシュで革新的だけど、じっくり長期的に考えるのが苦手

☐ 信念型は、一途で任侠心が強いけれども、疑り深く、大袈裟なところがある

☐ 反応型は、ユーモラスで集中力が高いけれど、自己中心的で嫌味っぽい

☐ 思考型は、生真面目で責任感があるが、落ち着きがなく、楽しめない

☐ 感情型は、利他精神が強く、愛情深いけれど、思考する力が低い

STEP 3

こんなときどうなる？
タイプ別分析

　自分が持っている思考のクセを見極め、理解することで変えていく努力をします。また、適応タイプ別の性格、適性、ファッションなどを考察していきましょう。

キャーッ!

適応タイプ別の傾向と
考え方のクセ

　6つの適応タイプのパーソナリティを背景も含めて大まかに説明してきましたが、このステップではより踏み込んで具体的な性格やファッションセンス、趣向に至るまで行動の特徴を説明していきます。より良く知ることで、人の傾向の本質を知ることができます。

　特徴を知ることで、どんなことをネガティブに思う傾向があるのか、どんなことで喜ぶ傾向にあるのかを知ることができるのです。

　どんな人でも、ある種の傾向があります。すべてがバランス良く仕上がった人間というのはほとんどいないのではないのでしょうか。

　そこで大切になるのが、その人がどのような人格の傾向を持つの

かです。生きてきた環境の中では知ることができなかったタイプの人間が、どんなことを嫌い、どんなことを好むのか、どんな習慣がある人が適応タイプと合致するのかをより明確にしていくこともできます。

「考え方のクセ」というのは多かれ少なかれ、どんな人間にもあるものです。その傾向が強かったり弱かったりというのはやはり人それぞれですが、「考え方のクセ」が自動思考の中に強く影響を及ぼすことは多々あります。これは適応タイプではなく認知行動療法の中で算出されたものです。

さまざまな考え方のクセ
心の落とし穴に注意

- 「〜すべき」とつねに考えてしまう
- 何事も「白黒思考」、つまり白か黒の2択から選ぶしかないかという思考に陥ってしまう
- すべての起きていることをマイナスに考えてしまう「マイナス思考」
- 起きている問題のある事象のすべては自分のせいにする「自己関連づけ」
- 全体を見ないである一部分だけに着目してネガティブに見てしまう「心のフィルター」
- 物事を過大に考えすぎたり、過小評価してしまう「拡大視、縮小視」
- たった1つの失敗なのに「いつもいつも」と日常的に失敗を繰り返

していると思ってしまう「過度に一般化」

　このようにだれしもストレスフルな状況に直面したときに陥ってしまう考え方のクセがあります。

　これらのクセはどれも少しずつは誰でもが持っているものですから、心に余裕があるときは「いやいや、そんなことはない」と多角的視点で気持ちを別の方向に逃すのですが、ネガティブな思考に埋没してしまうと、さまざまな可能性が見えなくなって「心の落とし穴」に落ちてしまうことがあります。

俯瞰して視点を変える

違う見方

柔らかい見方

自分を俯瞰してみると、違う見方や柔らかい見方ができることに気づくことができます。

ポジティブにならなくていい
楽になるためのプロセス

　一度心の落とし穴に落ちてしまうと、なかなか視点を元に戻すこ

郵 便 は が き

料金受取人払郵便

日本橋局
承　認

501

差出有効期間
2023年1月31日
まで

103-8790

011

東京都中央区日本橋2-7-1
東京日本橋タワー9階

㈱日本能率協会マネジメントセンター

出版事業本部 行

|||·|··||''||·|||·|·||·||'|'|'|'|'|'|'|'|'|'|'|'||'|'|||'|

フリガナ		年　齢	
氏　　名			歳
住　　所	〒 TEL　（　　　）		
e-mail アドレス			
職業または 学校名			

ご記入いただいた個人情報およびアンケートの内容につきましては、厳正な管理のもとでお
取り扱いし、企画の参考や弊社サービスに関する情報のお知らせのみに使用するものです。
詳しくは弊社のプライバシーポリシー（http://www.jmam.co.jp/about/privacy_policy.html）
をご確認ください。

アンケート

ご購読ありがとうございます。以下にご記入いただいた内容は今後の
出版企画の参考にさせていただきたく存じます。なお、ご返信いただ
いた方の中から毎月抽選で10名の方に粗品を差し上げます。

- -

● 書籍名

● 本書をご購入した書店名

● 本書についてのご感想やご意見をお聞かせください。

● 本にしたら良いと思うテーマを教えてください。

● 本を書いてもらいたい人を教えてください。

★読者様のお声は、新聞・雑誌・広告・ホームページ等で匿名にて掲載
　させていただく場合がございます。ご了承ください。

ご協力ありがとうございました。

とができなくなってしまいます。しかし、事前の取り組みでこのようなクセがあることを知っていれば「またやってしまった」と思えるようになるものです。

自分の心の中で起きていることは、心のフィルターを通して、事実と少しちがう見方をしているのかもしれないと気づければよいのです。

ここで気をつけなければいけないのは、必ずしも「ポジティブ思考」になるべきということを言っているわけではないということです。

もちろんポジティブになるにこしたことはないのですが、前向きになることそのものをストレスフルに感じてしまう人もいます。

あくまでも目的は、視点を変えて楽になることなのであり、何事にも前向きであるべしということではありません。

同じようにほかの見え方がわかったからといって、自分の考え方や行動を無理に変えていく必要もありません。たとえば「肉を食べると元気になる」と認知していた人が、「肉よりも魚を食べた方が健康にいい」という情報を知ったから魚食になることが正しいかと言えば、必ずしもそうではないのです。しかし、「魚だけ食べている人も健康なのかもしれない」という情報を知ることで、他者を認めるプロセスにはつながっていきます。

適応タイプを使って
決めつけをしてはダメ

人格適応論は問題もあります。これらの考え方のクセや6つの適

65

応タイプ分けは、人の傾向を知るために有用ですが「このタイプの人はこうなるに違いない」という決めつけをしてしまう傾向を強めてしまうのです。

人格適応論の6つのパターンはあくまでも個人が抱えている問題を解決するためのきっかけになるものであり、実際の人のパーソナリティはもっと複雑に絡みあった人格を持っているものです。適応タイプに近似しているからといって、必ず抱えている問題が解決するというものでもありません。

人格を決めつけてネガティブな表現をされてしまうと、この方法論を使う目的と違う方向に物事が向かってしまいます。クセや適応タイプは、ある種の傾向でしかなく、人格を決定づける要素ではないのです。

10の考え方のクセ

白黒思考

過度の一般化

心のフィルター

マイナス思考

飛躍

自分のせい

レッテル

べき思考

感情的

拡大視

生き方の基本
人生脚本

　また、このステップでは、それぞれの適応タイプをより深く知るために深層心理を読み解きます。交流分析には、「人生脚本」という人が無意識で描いている人生の脚本があるという考えがあり、役者が演じるように脚本を演じているとしています。

　幼少期から青年期にかけて人生脚本は形づくられます。そして脚本をつくっていく中で多くの決断をしますが、中でもネガティブな傾向にある決断を「禁止令」と呼びます。禁止令は、特に心の状態が良くない時に表れ、適応タイプごとの人生脚本を特徴づける一面です。例えば「成功するな」「属するな」「考えるな」など、養育過程で親から受けた態度によって禁止令は定まります。

　これらの禁止令に基づき、特定の行動に駆り立てられることを「ドライバー」と言います。例えば禁止令が、「重要であるな」ならば、ドライバーは「喜ばせろ」です。さらに、人生脚本を維持するために、ラケット感情というものを表します。これは、脚本に基づいて実際に表に出てくる感情のことです。これら３つの要素を踏まえて適応タイプの傾向を見極めていきましょう。

POINT

だれもがする考え方のクセを
理解して楽になろう

想像型は
思いやりはあるが
引きこもりがち

オタク傾向

1対1が好き

協力が苦手

無感動

深い関係性

地味で
一般的服装

目立ちたくない

想像型は、孤独を好み
繊細でストレスを回避する

　ここからは適応タイプのもっと具体的な姿について紹介していきたいと思います。大雑把な性格だけではなく、どんな状況でどんなネガティブなことが起こりうるのか。また、得意な業務や服装のセンスに至るまで、検証してみたいと思います。

　想像型は、前述したように孤独を好み、学者気質な傾向にあります。一方で優しく、思いやりがあり、人には親切です。ただ、心理的にこもりがちなので、あまり積極的に他人と干渉することを好みません。読書のほか、1人で楽しめるゲームや仕事に没頭する傾向があります。他人に干渉しないのは、ストレスを回避する傾向にあ

PART
02

STEP3

ることも表しています。裏を返せば繊細で傷つきやすい側面があるということでもあります。人と関わることで自分が傷つくことを避けたいという思いが何処かにあるわけです。それ故に恥ずかしがりで内気な性格をしています。

大人数よりも
1対1で対峙するのが好き

　多くの人と同時に付き合うのは苦手ですが、1人の人間とじっくり1対1で関わりあうのは得意だったりします。自分の良き理解者と出会うことができれば、じっくりと深い付き合いをするためなら無理をして苦難に立ち向かうこともいとわない場合があります。

　服装や持ち物に関しては無頓着で、地味で一般的なファッションに身を包む傾向があります。親や兄弟のおさがりを着ることに特段否定的な感情を抱きません。特別に視覚的に目立とうとか、集団の中で特別に突出しているように見えることを好みません。むしろ1人で物事を達成することに喜びを感じる傾向があります。

　逆に他者と協力してなにかを分かち合うことにあまり関心を持たないのです。

想像型はオタク気質
現代人に多いタイプ

　いわゆる昨今のオタク気質の典型のような側面があります。昨今の外的刺激に対処することに忙しい親世代の影響で、多くの現代人

親の養育が曖昧で要求することをやめた

親が子どもに対する関心が弱いと引きこもる傾向を生んでしまいます

が親から非常に曖昧な養育を受けることで自分にかまってもらえなかった人がある一定数いることの証明でもあります。また、適応タイプにはそれぞれ「人生脚本」のパターンがあります。

　想像型のドライバーメッセージは「強くあれ」です。つまり、感情と欲求に距離をとらなければならないと心の深層では思っているわけです。

　想像型の禁止令は「属するな」「考えるな」「成長するな」というメッセージを受けとります。結果的に怒りや興奮の感情を抑圧し、それに反対するラケット感情として「無感動」「無感覚」「不安」を示すのです。これらが結果、引きこもってしまう傾向を生むのです。

交流分析の３つの要素で
現在の自分を知る

　交流分析では、人の心を親から得た側面と大人の冷静な側面、子供の自由かつ人からの助けを求めようとする側面の３つで見ています。想像型は子ども時代に当惑すること、諦めることを知り、親からは自己批判することを受けとり、大人の自分は内向的になることを選択するという要素で成立しています。

　それがひどくなると本当に不登校やひきこもりという具体的な形となって表れたり、割と協調性のない文系タイプの人として成長していきます。どこかで別の要素が強まっていけば、その傾向は薄まっていきますが、どこか凝り性で瓢々とした風情の人はかなり想像型の要素が強いと言えます。前述した「生き延びるための人格」ともう１つの「行動上の人格」がなににあたるかでおおまかな人格が決定されます。この２つの要素をセルフモニタリングによって知ることで、自分やだれかが持つネガティブな要素とポジティブな要素を認識するだけでも自分を変えていくことにつながっていきます。そして、適応タイプの消極的な要素は、認知することで変えていくこともできるということを忘れてはいけません。

POINT

オタク気質な想像型
1人で達成することが好き

PART
03

行動型は
行動力があるが
ときに反抗的

派手好き

積極的

目立ちたい

内向的

リーダータイプ

直感優先

冷淡

行動の基準は
好きか嫌いか

　次に行動型について解説します。このタイプは最短距離で最大限の成果を狙い、とにかく結果を重視する傾向があります。また感情に左右され、刺激や興奮を感じることを求めます。

　行動の基準は好きか嫌いか。キャラクターで例えるなら漫画「こちら葛飾区亀有公園前派出所」の両津勘吉で、自分の欲を満たすためなら努力を惜しみませんが、傍から見ると、物事の優先順位がおかしいのではないかと感じることも。

　セールストークが大の得意で、楽しいことや笑うことが大好きなので、社会的に成功する人が少なくありません。まわりの人は魅力

STEP1 STEP2 STEP3 STEP4 STEP5

やある種の魔性を感じるので、政治家や起業家に多いのがこのタイプです。他方、自分本位で無関心な人や物に対して冷淡な一面もあり、ときに攻撃的な言動に出てしまうこともあります。それもこれも自分の目的を優先させるためであり、その特徴が良い方向に出るか悪い方向に出るかで、人生はまったく別ものになるでしょう。

リーダーシップが
仇となる可能性も

人間関係では、基本的には自分から積極的に人と関わっていきます。人の話を聞くよりも自分が話す、人の意見に従うよりも自分の意見を押しつける傾向が強いので、まさに組織を牽引するリーダータイプ。仮に仕事で魅力に感じるプロジェクトを任されたら、部下に的確な指示を出す理想のリーダーになることでしょう。ただし、同じタイプの人間との反発は避けられません。

しかし、やりたくない仕事を任された場合は、その仕事を淡々とこなすことができません。やるべきことをやらず、不満をこぼす。最悪の場合には他人に責任を押し付けてしまうこともあります。

反抗的な若者が親や学校の先生に不信感を抱くように、他人を信用しない傾向があるため、自分の目的を果たすために邪魔な存在だと感じた人を、途端に自分の近くから遠ざけてしまいます。

逆に自分の目的を遂行するためならば、どんな人とも協調することができます。

親が欲求を満たしてくれないなら自分でなんとかする

ムラのある先回り養育のため、満たされない欲求をみずから解決するため強くなると決めた

周囲に親のように 先回りを期待する

　親が最初は甲斐甲斐しく世話を焼いていたにも関わらず、逆に構ってあげなくなってしまったために発動した人格である行動型は「強くあれ」「喜ばせろ」というドライバーメッセージを受けとっています。それ故にエネルギッシュに動き回り、人を元気にすることに尽力するのです。

　逆に禁止令として「信頼するな」「属するな」「成し遂げるな」というメッセージも受けとることから、権威的な大きなものに対して反抗的でどこか破壊的なイメージ、つまりは革新的な方向性を持つのです。恐れること、悲しむことを隠そうとするために代わりにラ

ケット感情として「怒り」を使います。社会に対する怒り、他人に対する怒りが扇動的な態度となって表れます。

時に本当のふりをして嘘を言ったり、嘘のふりをして本当のことを言うというような心理ゲームをしかけることもあります。背景には、願いを裏切られるかもしれないという恐れがあるように見えます。行動型には信頼し、自分の思いを理解してくれる人間が必要なのです。

失敗を恐れず
突進する肉食系

無趣味で無関心な人とは違い、自分の好きなものに強い興味を示すのが行動型。こうした傾向はファッションにも現れ、洋服や持ち物に対するこだわりが強く、まわりにインパクトを与えるアイテムを選びます。要は自己顕示欲が強いのです。

昨今、巷には草食系が溢れています。草食系は言い換えるなら奥手な人であり、冒険を好まず失敗を極端に恐れます。

しかし行動型は草食系とは真逆の肉食系であり、好きな人や関心のあることに対しては、失敗を恐れず突進していきます。新しいことや革新的なものを生み出す人の多くが行動型であったりします。

POINT

エネルギッシュで攻撃的
新しいものに挑戦するタイプ

信念型は
頭脳明晰だが
疑り深い

頭脳明晰

規則を守る

質実剛健な
服装

頑固

コントロール
する

細部にこだわる
完璧主義者

　自分の考えを大切にして、それに基づいて行動するのが信念型です。趣味や仕事に対しては、他人が気にならないような細かいことにもこだわる、まるで職人のようなタイプです。

　何事に対しても明晰な考えを持っており、注意深い一面もあります。いつも自分の思惑通りに事が運ぶことを優先させ、冒険心などは一切ありません。当たり前のことを淡々と行うことを好みます。注意力が優れており、会社ではミスなく仕事を完遂して、周囲からの評価を高めることでしょう。仕事中毒者になる可能性が高いと言えるかもしれません。一方では頑固で慎重すぎることから、柔軟性

に欠け、まわりの人の助言を受け入れられません。組織を束ねて行動するよりは、１人で行動することが向いています。

他人にレベルの高い要求をしがち

　人間関係では、人から自分の考えや計画を支持されることに喜びを感じますが、逆に批判されることが苦手です。完璧主義者なので非常に疑り深い面も強く、人と接するときは自分を騙そうとしているのではないかと警戒しがち。また、人から傷つけられることを極端に恐れるので、積極的に人と親密になることをおそれ、受け身になりがちです。人と仲良くなるには長い時間がかかるでしょう。

　自分の考えに賛同してくれる人、あるいは自分の計画を実現させるために必要な人とは協調できますが、つねに人に対してレベルの高い要求をするので、それに応えてくれない人には批判的になってしまいます。

　結果的にまわりの人から煙たがられることも少なくありません。

いつも疑心暗鬼に人をコントロール

　親に一貫性がないために不測の事態を恐れて、何事にも慎重になる信念型。疑心暗鬼になってしまうために周囲をコントロールし、うまくコントロールできないと攻撃してしまいます。コントロールできていれば問題は起きないと信じています。

強い信念がある故に時に協調性を失う

自分の哲学に対して揺ぎない思いがあるため、時に人と親密になれないことがある

　信念型は、親から逆説的に「完全であれ」というドライバーメッセージを受けとります。少しのことでも当惑せずに済むようにパーフェクトに慎重に事をすすめること。それが彼らの奥底に強く根づいています。

　禁止令は、「親密になるな」「楽しむな」「恐れや悲しみを感じるな」です。彼らは一途でまっすぐで群れることを好まないように見えますが、逆にいえば、他者と楽しんだり、行動を共にすることに恐れを感じている側面を持っているのです。それ故に他人と同じように朗らかに楽しもうとしないです。そしてその恐れを表に出さない代わりに怒りを持って他人に表現します。

　そのためにあら探しをし、逆に自分を必要以上に責めてしまうこともあります。「だから言ったじゃないか」「つかまえてやったぞ」というような態度を示すこともあります。

　信念型の頑ななスタイルは、一途で正直でもあるのですが、融通が効かず、悪く作用すると厄介な頑固者に見られてしまうことがあります。任侠心があり、絆が強い分だけ、自分の考えを曲げるのは苦手なのです。

自分の意見を
まわりにアピールする

　明晰かつ緻密に考えるものの、頭でっかちになりがちで、なかなか行動できないという欠点があります。加えて注意深い性格から、失敗体験が極めて少なく、逆境に弱いのも大きな欠点です。自分の考えに賛同してくれる仲間がいれば、状態は好転しますが、そうでなければ殻に閉じこもり、周りからは根暗だと思われることもあります。

　服装や髪型もよく言えば生真面目的、悪く言えば没個性なアイテムを好むので、特段見た目には目立たないですが、質実剛健で信頼できるイメージがあります。

POINT

何事も完璧にできないとダメ
計画的に実行することが大好き

ふざける　　　　　　　　　研究熱心

自己中心　　　　　　　　　独創的な服装

嫌味を言う　　　　　　　　無視する

大胆かつ慎重に
状況を分析できる

　物事に楽しさを求める反応型は、まさに快楽主義者といえるでしょう。普段からふざけたりおどけたりして、まるで子どものようにエネルギッシュです。好きなことに打ち込むときは特に精力的に活動します。

　ただ、決断することが苦手で、行動に移すまでに時間がかかりがちです。さらに行動に移したあとも葛藤するという、極端に慎重な面も持ち合わせています。

　まわりをよく観察して状況をきちんと把握することは得意なので、なにか問題点があるすぐにそれに気がつき指摘する、批評家の

ような気質があります。組織の中で重宝される存在になるでしょう。

また、何事にも白黒つけたがる傾向が強く、受動的にも関わらず攻撃的な言動をとってしまうこともあります。

受け身だけど
やや自己中心的

反応型はグループの中で活動するのが得意です。グループにおいては、自らが率先して動くのではなく、だれかが動くのを待つ傾向があります。

ただ物事に対して、つい自分中心に考えてしまい、自分の思い通りに行動しない人がいると、ふてくされてしまいます。場合によっては激しく非難してしまうこともあります。

また、人から指図や管理をされることが大嫌いなので、なにかと不満を抱えがち。非常に頑固で、人から批判されても「でも……」や「だって……」といった言い訳がましいフレーズが口癖になっているケースも少なくありません。

戦前～戦後に比べると、親から過保護に育てられた子どもが多く、その影響で反応型は増加しました。他人任せであるにもかかわらず自己中心的な面があるので、まわりからはワガママな人だと思われているかもしれません。あるいは子どもっぽい、感情に左右される、少しヒステリックだという評価が下されているはずです。気分屋だと思われている可能性もあるでしょう。

関心があることには高い集中力を発揮

うぇぁ～

興味

ちょっと！

聞いてる？

自分の好きなこと
に熱中し、人の話
が聞こえなくなる
時もある

意思の強い親に
反発して遊びに興じる

親がおせっかい焼きで何かと子供の行動に介入してきた時、納得
がいかないと、闘争することで解決しようと試みる。勝てないと思
うと遠回しに反抗を示して見せるのが反応型です。

そのためにいつでも葛藤することを余儀なくされてきました。ド
ライバーメッセージは、「努力せよ」であり、強い親に負けないた
めに粘り強く努力し、反発するようにユーモアで人を楽しませます。
禁止令として「痛みや怒りを感じるな」というメッセージも受けと
り、怒りを表現しない代わりに混乱や葛藤という表現が強く表れま

す。まぬけな態度をとったり「はい、でも」と理屈っぽい態度をとる心理ゲームを行います。

　激情的に怒ることは少ないかもしれませんが、イライラしたり、悩んでいることがよくあるのは、そんな心理的背景があります。反応型の親は個性的で強い主張がある人が多いものです。

バランスの良い
付き合いが苦手

　自分が興味を持つほどこだわりが強くなり、それを他人にも強要します。前述した通り、白黒をつけたがる傾向があるため、それが要因で孤立してしまうこともあります。社会や人間関係で妥協は付き物ですが、異常に強い関心を示すか無関心かの二択が基本なので、まわりの人は面倒臭く感じてしまうかもしれません。

　また、反応型は原色など賑やかな印象を与える洋服を好む傾向があります。ときに他人が理解できないこだわりを見せることもあり、個性が強すぎると思われ、結果的に孤立することも少なくないでしょう。しかし、見方によっては個性的で博識、ユーモラスなパーソナリティを持つ才能のある人格です。

POINT

楽しむことが好きな快楽主義者
でも頑固で自己中心的

思考型は良心的だが頑張りすぎちゃう

完璧主義

批判的

ストイック

生真面目な服装

合理的

言い訳する

楽しまない

上司に対して
従順な良き人材

強い責任感と、目的成就にこだわりを持っているのが思考型。論理的で、決めたことをやり遂げる、それを最優先させます。偉人で例えるなら、天才軍師として名を馳せた黒田官兵衛。会社など組織でも上司に対して従順です。社会人として良い存在でありたい、人から高く評価されたいと考え努力します。

一方で物事にこだわりすぎたり、ときに言い訳がましかったりすることもあります。加えてレベルの低い人を見ると、途端に批判してしまう傾向もあります。また、なにかをしていないと不安になるという強迫観念に襲われることもあり、いつも緊張状態。

　トラブルに見舞われたときなどは、解決するために動くのではなく、考えすぎてくよくよしてしまうことも少なくありません。

気楽な人付き合いが苦手で
つねに堅苦しい

　明晰な考えのもとで行動するため、組織の中にいるとありがたい存在です。事を合理的に進めるため、部下や同僚も一緒に働きやすいと感じるはずです。自分の考えを正しいと考えがちなので、批判に対して抵抗を感じることが多いのです。基本的には1人を好み、自分の考えに賛同して、自分の考え通りに動いてくれる人を求めます。

　するとつい完璧を求めてしまいがちになり、自分にも他人にも厳しくなってしまいます。

　加えて会話中は丁寧に伝えようとするあまり、簡潔に話せず、余計なことばかり付け加えてしまいます。それが固苦しい時もあれば、丁寧で親切だととらえられる場合もあるのでしょう。

達成できないとダメと
信じ込まされている

　思考型は自分の価値の中心を達成することに支配されている。親は、子供に常に「満点を取りなさい」「1位になりなさい」あるいは「礼儀正しく」「ちゃんとしなさい」という社会的規範に対して厳しく指導してきました。

目標を達成することが一番大事

目的を決め、計画的に達成することをとても好む傾向がある

　それ故に子供は親から「完全であれ」というドライバーメッセージを受けとります。完璧であること、間違いを起こさないことに多くの時間を費やします。「くつろぐな」「楽しむな」という禁止令も同時に受けとるので、ひたすら生真面目であろうとし、他者と深く楽しもうという気になれません。

　悲しむことを抑圧する代わりに怒りで表現します。怒ることができない時は、抑うつ的になることも多々あります。「もっと急いで」とか「こんなに一生懸命やってるのに」という心理ゲームもよく使う傾向があります。思考型は、常に親の高い期待に応えなければいけないという焦りの中で、完璧であろうとするのです。

　実際に人間が完璧であることは難しいものです。優位に立つことができても完璧になることができないために、思考型は苦しみます。完成度の高いものを求め、ハイレベルな仕事をしますが、やりすぎになると自分にとっても他人にとっても問題が起きてしまうこともあるのです。

完璧を求めるあまり
精神的にダウンすることも

　思考型は完璧を求めるあまり、精神的に思いつめてしまい、心に問題を抱いてしまう人が多いのも事実。最悪の場合には社会との断絶を望み、家に引きこもってしまうこともあります。

　また、物事がうまくいかないことに対する怒り、欲求不満、心配、罪悪感も抱えています。人に対しても仕事に対しても気楽に向い合えず、大きなプレッシャーに押し潰されることもあります。リラックスすることが苦手なので、心が休まるときがないのです。

　身につけるものに対してもよく考え、ＴＰＯに合った洋服を着用するだけでなく、機能性を重視する傾向もあります。見かけよりもいかに高い利便性を持つか、耐久性の良さなどに関心を持つのです。

POINT

生真面目代表の思考型
リラックスするのは苦手

感情型は
エネルギッシュだが
ときに自惚れてしまう

自分より他人を
喜ばせることが生き甲斐

　情熱的で、側にいると楽しいタイプが感情型。人と接するときの
テンションが高く、少し子どもっぽく見えることもあります。自分
ではなく、人を喜ばせることを生き甲斐にしています。

　偉人でいえば、マザー・テレサのような人物で、とにかく優しさ
と思いやりが前面に出ており、人の懐に飛び込んで親密な関係を構
築するのが得意。また、サービス精神が旺盛なので、営業やショッ
プ店員など、感情型は人と接する職業が最適です。

　一方で、なにかというと感情的になりがちで、相手に傷つけられ
ると泣いたり責めたりすることも。また、気遣いが過剰すぎて、相

手からやりすぎだと思われることもあります。

　また、かなりの目立ちたがり屋で、他人から注目を浴びていないと物足りなさを感じてしまう面があります。

グループの中心となる
ムードメーカー

とにかく感情型の人は人間関係を重視するので社交的です。能動的かつ自発的に人々と関わります、そのためとてももてなし上手です。

　人と話すときは声も語尾も上がり、相手に気を遣いながら話します。また、自然に笑みを交えたり、体を相手に傾けることもあり、相手はすぐに親しみを感じるようになります。そのため相手にはチャーミングだという印象を与えているはず。また感情の起伏が激しいので、分かりやすい人だと思われている可能性も高いでしょう。

　グループ内ではムードメーカーとして、つねに中心にいます。自分よりも相手のことを優先させるタイプとして慕われているでしょう。

　思い込みが激しいため、事実と違うことも事実であると信じ込んでしまい、トラブルに発展することもあるかもしれません。

　また、聞き上手で人の話に親身になって耳を傾けますが、いちいち過剰に反応するため、自分の限界をこえて疲れてしまうのです。加えて、いつも人の感情を気にしすぎることもあるので、それが大きなストレスになってしまうことがあります。

人に喜んでもらうことが何より好き

利他精神が強く、誰かに楽しんでもらうことが最大の感心事

行動よりもどんな
態度でいるかが大事

　どんな行為をするかよりもどんな風に楽しませるか、という感覚的な心地よさを与えることを大切なものとして教えられてきた感情型は、感覚的振る舞いを大事にします。

　「明るい」「元気」「優しい」といった利他的感情を主張することをとても大事にし、自分のためだけに何かすることに罪悪感を感じてしまいます。ドライバーメッセージは「喜ばせろ」です。他者が喜び、感情が溢れることに自分も喜び、楽しめます。そして「お前であるな」「考えるな」という禁止令メッセージを受けとるので、

自分自身のことには無頓着で、時に近親者には迷惑をかけることもあります。思考することも苦手で、冷静に何かを考察することもあまり得意ではありません。

怒りを抑圧し、悲しみや不安、混乱で表現します。まぬけな態度をとったり、誘惑的な態度をとる心理ゲームを行うこともあります。「～したあとで」とか「もうちょっとで」といった対応のプロセスを見せることも多いです。福祉精神の塊のような感情型ですが、時に自分のことをないがしろにし、思考しないことで結果的にトラブルになることも時折あるのです。

そのときの感情によって
別人のように変わる

　感情型は思考より感情を優先します。つまり、感情を乱さず平静を保っているかどうかで、まったく別人のようになります

とにかくチャーミングな印象を与える感情型は、見た目も爽やかで、洋服も柔らかくて着心地が良さそうなものをチョイスしたりします。見た目から相手を不快させるようなこと、あるいは個性を感じさせるようなことはないでしょう。

POINT

人を喜ばせることが一番大事
過剰な気遣いがたまに傷

自分も人も変わるには
スモールステップが大事

認 知行動療法や人格適応論で自分や他人の傾向を知ることができると、どこを修正すべきかということがわかってきます。しかし、いくら変わるべきことがわかっていても自分のスキームや自動思考を改めるのは簡単ではありません。

それらが長い間習慣となって根付いた傾向であり、性質だからです。特に思考型のような完璧主義の人や行動型のように瞬発力で生きているタイプは「完璧にできないからやりたくない」とか「すぐにできないならやれない」という考え方になりがちです。

ですから、どんなタイプであってもスモールステップで変わっていくことを大切にしてください。物事はすぐには変わらないし、完璧にできなくて構いません。そもそもこれらのプロセスを経て、目指しているのはまった

く違う人格になることではありません。自分や他人のいいところや悪い傾向を知り、得意なところを高め、問題があるとしたら必要に応じて適切に変化していくとより良い場合があるということなのです。

　必要以上に自分の問題点を直視し「できるだけ速やかに変わるべし」と考えるのは間違いです。もし、自分の傾向が修正の必要があると感じたなら、スモールステップでなにを変えていけばいいかを検証し、できることから実行していけばいいのです。

　亀の歩みでもいいので、忘れずに変化していくことを心がけることが大切です。自分ではすぐに飽きてしまうなら、他者に管理してもらうのもいいかもしれません。「継続して変わろうとする」ことが大事なのです。

STEP 3

理解度チェック

- ☐ 考え方のクセを知ることで、自分の視点を柔らかくしてみる

- ☐ 想像型は専門タスクを1人でやるタイプ。オタク傾向が強くなる

- ☐ 行動型は周囲を引っぱるリーダータイプ。派手好きで過激な性格

- ☐ 信念型は細部にこだわる完璧主義。職人気質で、指導者として適任

- ☐ 反応型は、研究熱心な博士タイプ。人とちょっと違うファッションで社交的

- ☐ 思考型は、典型的な優等生タイプで曲がったことが大嫌い。服装は小綺麗

- ☐ 感情型は、人と楽しむのが大好きなムードメーカー。着心地のいいものが好き

STEP 4

こんなときどうする?
タイプ別解決法

認知再構成法を使って具体的に自己を俯瞰する方法を検証します。また、適応タイプ別にどうしたら問題解決をすることができるか、段階的に紹介します。

認知再構成法で
段階的に
考え方を変える

ステップを踏んで物事を為していくとわかりやすくなる

認知再構成法
４つのステップで思考を変える

　ここからは具体的にどのようにして問題解決をしていくかを考えていきます。人間関係を改善する上で、自分と他人との関係性における思い込みがどのようなものかをより明確にしていきます。

　そのためのわかりやすい方法として「認知再構成法」というものがあります。４段階のステップで自分にフィットする考え方や捉え方を探していきます。

　ステップ１は「私は○○と考えている」という自分の思考を知ることです。通常、人はたくさんの考えを持って人と接しています。たとえば、誰かに仕事の依頼をするとき「価格設定が安かったか

な？」「忙しいのに悪いな」などといくつかの考えが自分の中に巡りますが、この考えを明確にしていきます。

　「適正価格はこれくらいなのに、今回の金額で頼むのは安かったのか？」などと具体化していきます。この瞬間的に浮かんでくる自動思考をしっかり摑めるようになることが大切。

自分の自動思考に
質問を投げかける

　次のステップでは、摑んだ自動思考を踏まえて、別の考え方がないかどうか書き出していきます。自分の自動思考を広く知るためにいくつかの質問を投げかけます。

- 自動思考が正しいとする根拠は？
- 自動思考が正しくないかもしれないとする理由
- 自動思考を信じることのメリット
- 自動思考を信じることのデメリット
- いつも似た考え方で苦しんでいないか？
- 最悪の場合、どうなってしまう可能性があるか？
- どんな形になるのが理想？
- 現実にはどうなるか？
- 同じような体験をしたときにどんな対処をしたか？
- ほかの人ならどんな対処をするだろうか？

　以上のような質問に具体的に答えを出していき、自分の頭の中のいろいろな思考が本当に正しいかどうかゆっくりと考察していきま

す。

　自分の思考が間違っているという自動思考には注意してください。1つの選択肢にはいつもメリットとデメリットがあるものです。

段階的に自分を俯瞰する

一歩一歩階段を登るように自分のことを知っていくことで俯瞰することができるようになります

新しい選択肢を見つけ
自動思考へと馴染ませる

　次のステップでは、新しい考え方を選びなおしてみます。前述のステップと同じように、自分の中で見つけた思考について、選択できたかもしれない選択肢を隣に書き出してみましょう。

　そのように書き並べていくと、整然と自分のした選択と別の選択

肢を眺めることができます。

　もしかしたら別の選択をしたほうが、自分は楽になれるかもしれないと気づくことができれば大きな成果になります。

　それでも、これから新たな選択を当たり前にするのは簡単なことではありません。

　それが苦痛になってしまったり、自分を強く責めるようなことになるのだとすれば、急いで実行する必要はないのです。少しずつスモールステップを心がけましょう。

　最後のステップは、自分でみつけることができた新しい考え方をなじませていくことです。

　書き出した思考を思い出し、なにかあるごとに確認していく作業が必要です。手帳に書いて貼っておいたり、くり返し見返すなど、ある一定期間繰り返すことで自動思考へと馴染んでいくのです。新しい考えをなじませるには、３ヶ月から人によっては何年も時間がかかるかもしれません。焦らずじっくり、大きく構えて実践することが大切です。

POINT

4つのステップで
自分を客観視する

支配モード

要求モード

感情モード

養育モード

中断モード

他者との関係性を築くための
コミュニケーションモードとは

　認知再構成法で自分を俯瞰できるようになると、他者に対しても客観性を持って対峙することができるようになります。すべての人がこの方法で自分を俯瞰する習慣をつけられればいいのですが、人のタイプや傾向に合わせた理解も加われば鬼に金棒です。

　そこで人格適応論や交流分析の方法論が役立ちます。

　自分のタイプを理解し、自分と異なるタイプの人と接していく時に人格適応論は有効です。主にカウンセラー向けに考えられた方法ですが、一般にも十分役立つ方法論です。

　まず、それぞれの適応タイプと相対するときに自分が携えるべき

5つのコミュニケーションモードというものがあります。「支配モード」「要求モード」「養育モード」「感情モード」「中断モード」があります。

　これらのモードをうまく使い分けることで、さまざまな適応タイプとも円滑にやりとりが可能になり、適応タイプそれぞれが持つ弱点をカバーすることにもつながるのです。

5つのコミュニケーションモードを
適応タイプに合わせて使い分ける

　支配モードは、指導や教育を与えるときに使います。ある特定の手法や技術を使うことが望ましいときに、推奨の意味を込めて使うと有効です。

　要求モードは、相手に依頼するか、要請するときに使います。「～してくれませんか？」という疑問符と共に使うことが一般的です。

　養育モードは、相手の子どもの心の内に語りかけるように使います。保護的な態度で思いやりを持って語りかけることが大切です。

　感情モードは、遊び心とユーモアを持って楽しみながらコミュニケーションをとっていきます。

　最後の中断モードは支配モードと少し似ていますが、よりぶっきらぼうで命令的です。相手の感情のエスカレートを止めるときに使うモードになります。

　基本的にすべてのコミュニケーションモードをさまざまなシーンで使いわけますが、適応タイプごとに適したコミュニケーション

モードがあります。

　想像型には支配モード、行動型には支配モード、養育モード、感情モード、信念型には要求モード、反応型は感情モード、思考型には要求モード、感情型には養育モードです。このモードはコミュニケーションの入り口として有効な手段です。

５つのコミュニケーション・モード

支配モード　要求モード　養育モード　感情モード　中断モード

適応タイプごとにモードを変えて対応する

コンタクト・ドアを使って
段階的に深い関係性を築く

　これらのコミュニケーションモードを適応タイプごとに段階的に使っていくことが有用だとされています。

　精神科医であるポール・ウェアはこの適応タイプとのコミュニ

ケーションを深める手法をドアに例え「コンタクト・ドア」と呼びました。人は行動・感情・思考の３つのどれかを使って人や社会と接しています、適応タイプ別にどのドアに働きかけるかによって、円滑に関係性を深めることができると説いています。

　コンタクト・ドアには３つの要素があり、入り口の段階では「オープン・ドア」と呼びます。人や社会との入り口にあたるドアがあります。

　オープン・ドアを通ることで十分に関係性が築けたあとに「ターゲット・ドア」へと進み、関係性を深めています。

　ターゲット・ドアはオープン・ドアとは違ったポイントにアクセスします。このオープン・ドアとターゲット・ドアが統合されたときにはじめて個人が相手を受け入れ、関係性に変化が生じると言われています。

　最後には「トラップ・ドア」という個人が最もふれられたくないドアにアクセスすることも可能になります。

　トラップ・ドアに直接介入したり、いきなりアクセスしようとすると、拒否反応や怒りを買うことになります。これはお互いが嫌がることを知ることで、注意し合えるようになることを促します。

POINT

コンタクト・ドアを使って
思考、感情、行動にアクセス

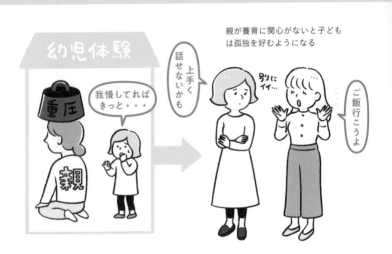

親が養育に関心がないと子ども
は孤独を好むようになる

想像型は安定した愛情関係を必要としている

内向的で1人で居ることを好む想像型は、他者に期待することをしないということを選択した結果、できたパーソナリティです。

欲求を外には表さず、我慢していればいつかは親は自分の期待に応えてくれるに違いないと心の中で思い、欲求を持たない自分をOKとしたのです。

彼らの課題は、他者との間に本当は安定した愛情関係を持つことが可能なのだという信頼関係を取り戻すことにあります。空想にひたるだけではなく、他者との交流を楽しみ、みずからの欲求を表すことが可能なのだということを知ることが大切なのです。

それを知ってもらうために、このタイプの人に対して自分または

人が行うべきことにはいくつかのプロセスがあります。

前述した「コンタクト・ドア」という方法論を使います。

想像型の場合のオープン・ドアは行動です。つまり最初は、支配モードで彼らの行動に働きかけます。彼らは引きこもって他者がなんらかのアクションを起こしてくれるのを待つ傾向にあるので、こちらから関心のあることで行動へと誘います。そしてこもりがちな場からまずは引き出すことが大切です。

複数人とのやりとりは苦手ですが、1対1で対峙することはむしろ好ましく感じる場合もあります。ですから、自分から相手を誘ってみることもそのステップになるでしょう。

なにが必要かを思考し
欲求が満たされる行動に移す

次のターゲット・ドアは思考です。自分、または相手を連れ出すことに成功したら、彼にとって本当はなにが必要か、どんな欲求があるのかを考えてみましょう。

その際に必要なのは、想像型を支援し、期待していることを伝えることです。そして考えたことを行動に移すことを促す必要があります。

想像型にとって必要なのは、自分がどんな欲求を持っているか気づくことにより人が自分の期待した欲求に応えてくれることもあると知ることであり、欲求が満たされるように具体的に行動してみることが大切です。

　論理的に理解することで満たされることもあれば、現実に満たされる経験を繰り返すこと、または満たされていたのだと認識できる体験をくり返せば想像型が抱えている課題は先に進めます。

　このタイプの人の心の奥底には「自分の声は受け入れられない」という不安なメッセージが強く入っていますから、想像型の人の意見にしっかりとした理解を示す存在が、大きな意味を持つと考えられます。

行動に働きかけるとドアを開ける

想像型の良き理解者が自分の殻から出してくれる

欲求が満たされることで
感情に変化が表れる

　このように思考と行動が統合されると、最終的なトラップ・ドア

である感情に変化が表れるのです。

　不安のため引きこもることではなく、欲求を表すことが可能になります。自分の意見が他者を当惑させることなく、受け入れられるという体験を通して変化が起きていくのです。

　これはたとえば上司と部下や同僚、友人関係で解決する場合もありますが、きびしい場合にはカウンセリングが必要になることもあります。職場や学校に自分に理解を示す環境はないと思えた場合には、新たな環境を探す必要があるかもしれません。

　サークル活動やオフ会など、必ずしも居場所は大きな場だけではありません。小さなところからスモールステップで変化していけることも大切です。

　また、自分を理解してもらい、協調することが可能になると、他者への理解もできるようになります。

想像型にいきなり
感情を体験させることは NG

　気をつけなければいけないのは、想像型にいきなり感情を体験させてしまうことです。

　トラップ・ドアは最後の最後に取り組むステップです。このプロセスを丁寧に踏まないと困惑してフリーズしたり、協調できない自分を責めてより深く塞ぎ込んでしまいます。

　あくまでも焦らず、スモールステップが大事です。関心の向く形で外へと誘い、１対１で対峙し、理解を示すことで最終的に協調へと向かうのです。

　想像型を職場や学校環境に置き換えて対応を考えてみましょう。想像型は1人でやり遂げることを好みます。ですから、なにかしらの専門的作業を1人で行うタスクを与えることが向いています。

　一方で他者と関わることを苦手としているため、営業活動や会議が多い場では、ストレスを感じてしまう傾向が強くなります。

行動すると「気づき」に誘われる

行動に移すことで感情が揺さぶられる

理解してもらえることで
協調性も少しずつ身につく

　想像型にとって集団における自己のあり方は課題でもありますが、大きな負荷にもなるので1人で遂行できる能力の高さを評価することも大事です。

　評価され、理解してもらえることで、少しずつ集団に対しての苦手意識も緩和されていきます。信頼できる理解者がいれば多くの人間との協調も可能になる場合があります。

　「自分の思いが実現できる」体験を通し、考えを知ることで、想像型が持っている不安などのネガティブな側面はやわらぎます。

　適応タイプはすべての人が持つ個性ですので、必ずしもネガティブに思える要素が悪いことだと思わないことも大事です。

　だれかと一緒じゃないとなにも達成できない人もいます。つねにだれかに頼らないとなにかを達成できないことよりも、1人ですべてのタスクをこなせることは高く評価できることです。

　自分のあり方や欲求に理解のある環境に身を置くことは、奥底に抱えている問題を解決する糸口にもなるのです。

　1人でいることをやめるという考え方よりも集団に存在する自分を許容するというような考え方の方が、もしかしたらフィットするかもしれません。団体行動の中で、自分の世界に埋没することが許されてくれれば、それに越したことはありません。そのためには自分だけではなく、周囲に自分の人格を理解してもらうことも大切な事柄の1つです。

POINT

他者と交流する喜びを
知り変化する想像型

行動型は傷付きを癒し打ち勝つことにより協力が大切と知る

親が欲求を満たしてくれないと知り、活発になった

メリットがないことはやらない！

見捨てられた

うるさい！

拒絶

親

とりつくしまもない

行動型の闘争心は満たされなかったことに起因

　行動型は、自分の欲求が満たされないために親から見捨てられたと感じた結果、自分が傷つかないために他者より優位に立つことを覚えました。深層ではだれもあてにせずに生きることを決め、競争に勝ってそれを知らしめることを目標にしています。

　行動力と闘争心は、満たされない欲求への渇望を自分で満たすために目線を変えた必要なエネルギーでもあります。負けず嫌いなのも、だれにも頼らずに自分の力で生きるという強い衝動から発動された思考なのです。

　行動型に必要なのは、自分が傷ついてきたということを認め、見

捨てられたという悲しみを癒すことにあります。

本当に愛情を与えてくれる存在がいることに気づき、本音で他者と交流し、親密になることで抱えている心の問題は緩和されていきます。

「負けてはならない」「戦わなければ」と闘いを続けることは、とても疲れます。このタイプは突発的に激情することもあるので、周囲の人間にとっても、ときに厄介者として扱われてしまうこともあります。

家族や同僚、理解ある親友の存在が行動型の思考にバランスをもたらすでしょう。

能動的で社交的なときと 受動的なときの両方がある

行動型のオープン・ドアは行動です。ところが、行動型はほかの適応タイプと違って少し特殊なところです。能動的に社交性を発揮するときと受動的に引きこもることを行き来します。内気な側面とエネルギッシュに活動する側面を併せ持ったところがあるのです。

それ故にコミュニケーションモードとしては、能動的で社交的なときは攻撃的で相手より優位に立とうとする傾向にあるので、まずは感情モードでユーモラスに対応していくのがよいのです。

行動型は、活動的ですが知的な思考力よりも感覚的な素養が強い傾向にあります。感情に訴えかけてくるユーモアに対してはポジティブに反応します。

逆に受動的なときは支配モードを使って指導的対応をしても問題ありません。受動的なときの行動型は、元来自分が持っていた自分の欲求を満たしてくれる親のような存在に好意を持ちます。自分のあるべき姿を率直に示されることに大きな違和感を感じません。

オープン・ドアは、行動なので、どういった行為をすべきか、どんな行動を共にするかを働きかけるのがいいかもしれません。

先回りされると素直になる

先回りされると素直になる行動型

行動型には先回りして
理解を示すと有効的に

行動型は先まわりして自分の意図を知られることを好む傾向があります。前述したように幼少期の先まわり教育によって得られた満

足感を忘れていないことがその要因です。

　先回りして自分に理解があることを知ると、その相手を知性のある人間だと感じ、優位に立とうとすることをやめ、素直になります。

　ターゲット・ドアは感情です。養育モードで子どもに語りかけるように優しく丁寧に心に訴えかけます。

　感情が揺り動かされ、自分が理解され、自分と共にあると感じることができると感情と行動が統合され、トラップ・ドアを開かれ、思考することをはじめます。

　心に安心感が生まれると別の視点で思考することをはじめ、焦って結果を出すために闘争することをやめます。

　激情的に闘い、エネルギッシュであることは場に活気を生み、活

いきなり思考に働きかけてはダメ

いきなり思考を刺激
すると攻撃的になる

発にさせる意味では有意義です。しかし、ときに過度に競争的であることはまわりを疲弊させてしまうことがあります。

トラップ・ドアである思考を
いきなり刺激しない

気をつけなければいけないのは、行動型のトラップ・ドアである思考をいきなり批判するようなことをしてしまうと、闘争心はより加速し、優位であろうと打ち負かそうとしてしまいます。

せっかく時間をかけて築いた有意義な関係性も、行動型の激情的なパーソナリティの前では一瞬にして崩れ去って、また一から構築しなおすことになります。

ユーモラスに行動にアクセスし、感情に語りかけることが大事です。行動型は闘争心が強く、ときに議論することを好むので、つい議論から入って同じ土俵で闘争してしまいがち。しかし、実は火を焚きつけるばかりで、闘争の中で問題解決や良好な関係を築くのは難しいのです。

議論をするにしても、心に訴えかけ、行動型を承認してあげるプロセスが欠かせません。

そうして気持ちが動かされて初めて、緊張が緩和され、周囲に対する許しの感情が芽生えます。

ときに能動的でときに受動的という気まぐれな性質を持つ行動型ですが、思考の奥底にあるのは「親が満たしてくれなかった欲求は自分の力で満たして見返す」というメラメラと燃える炎があるのです。

行動型は活発だが
批判的にもなりやすい

　このタイプの人と良好な関係を築くためには、燃えすぎて火事になる前に鎮火する役目が必要だということです。

　職場や学校では、とてもエネルギッシュで活動的なのでリーダーや中心的存在になることが多い行動型は周囲を扇動して巻き込むことは得意ですが、ときに感情的になって空まわりすることがあります。

　権威的なものに対しても批判的な傾向があるので、大きな組織に所属すると管理職や幹部に批判的になる可能性もあります。

　この適応タイプは、職務遂行能力も非常に高いですが、感情的で批判的になると手が付けられない場合があります。人間関係という意味ではほかのタイプより先に問題が起きることが多いですが、付き合ってみると人情味のあるところがあったりもします。

　行動型の強い熱意に賛同し、その上で落ち着いて長期的に物事に取り組むことを諭すことができる存在がいると変化が少しづつ進みます。または、思考型や想像型のような冷静に物事を考えることを大切に考える人を自分に必要な仲間として知ることだけでもよいかもしれません。

POINT

闘争する必要がないと
知り調和する行動型

信念型には安定した
揺るぎない愛情が必要

　信念型は、親から一貫性のない養育をされたために何事に対して
も疑い深く、用心深い性格です。不安を解消するために周囲をコン
トロールしようとし、あら探しをします。コントロールできている
限りは安全であると考える傾向があり、その安全を守るためにも細
かいことにこだわる明晰な頭脳を持っています。

　繊細ではありますが、衝動的ではないので我慢強い印象がありま
す。彼らに必要なのは、安定した愛情の存在です。右に左に惑わさ
れず、揺るぎない友愛の精神を与えてくれるものに安心感を覚えま
す。信念型が信条的に保守的になりがちなのも、揺るぎなく安定し

たものがそこにあるからにほかなりません。

思想的に保守的になる人の多くがこの信念型の傾向を持っています。安定した揺るぎないものがないからこそ、それを求めるのは人間の性とも言える思考回路です。

信念型にとっては「絶対的な安心感」こそが、生きていく上で必要なものなのです。

オープン・ドアは思考
考えることが好き

信念型のオープン・ドアは思考です。つねに物事を思考し、正しさを追求することを前面に出しているのです。

そこで要求モードで思考に働きかけると、明晰に物事の解決策を相談されることに対して協力を惜しみません。

信念型は明晰な頭脳を認めてもらえることをとても喜びます。思考に働きかけるプロセスの中で、過度に疑い深い傾向がある信念型の思考の仕方が本当に正しいかどうか考察してもらいます。正しいか間違いかという白黒思考ではなくどれくらい正しいかという見方をすることがより良いでしょう。

信念型はその明晰な頭脳を使って、つねに冷静な判断を下そうとします。彼らが他者の意見などに基づいて自分の疑い深い思考に間違いがある場合があると気づいたとき、感情に変化が表れます。

ここからはターゲット・ドアの感情に働きかけます。養育モードで保護的に対応すると彼らは安心感を得ることによって、思考と感

117

情が統合し、そこではじめて疑うことをやめ、行動に移せるようになります。

　ただし、信念型は元来疑い深いので、早い段階で養育モードに移行すると感情の扉を遮断し、新たにあら探しと本当に正しいかどうかを検証しはじめます。彼らが間違いなく内省し、感情の動きに変化を感じることが確認できた時点でターゲット・ドアである行動に臨む必要があります。

思考することで疑いをやめる

思考に働きかけると
スムーズに対応する

自分の世界

誰も信じられない！

そうかも・・・

よく考えたらそんなことないですよ

感情の扉を簡単に開かないが
一度開くと揺るぎない

　通常、簡単にはアクセスできないトラップ・ドアよりもむしろ信念型の場合は、感情の扉を開くことのほうが難しいかもしれません。

普段から疑い深いパーソナリティというのは、新たに認識していないくても、つねに自分のまわりで起きている事象に対して検証をしているのです。

いままで認めてこなかったものを改めて認めさせるには、強固な説得力が必要です。

いずれにしても信念型に必要なことは絶対的な安心感です。そしてほかの適応タイプに比べて疑い深いわけですから、ゆっくりと時間をかけて揺るぎない信頼を築くことです。

行動に移すというターゲット・ドアに至るまでは時間をかける必要がありますが、一度揺るぎない信頼を得た信念型の意思は強固なものです。自分が求めるのと同じように信念型は確かな関係性を築いてくれるでしょう。

信念型には
行動を焦らせない

信念型にしてはいけないことは、やはりターゲット・ドアである行動を急がせることです。焦らず、じっくりと「石橋を叩いて渡る」ことを好む信念型に事を急がせてはいけません。

準備と計画をしっかりすることがどんなことにおいても欠かせないタイプなので、無闇に急がせると自分が不快に思う相手や事柄に対して攻撃をはじめてしまいます。

それが転じて自分を必要以上に責めてしまう場合もあります。非常に頑固で強い信念を持っているので、その信念を突き崩されると立ち直るのも容易ではありません。簡単に崩される信念ではないの

ですが、逆に崩されてしまうと元に戻ることも難しいのです。

　しっかりと段階を踏んで思考させ、理解を深めた上で行動に移すという選択を慎重に行わなければいけません。

　ときに「考えるな、見て覚えろ」などという方法論で指導する人がいますが、信念型はそこに余程の意義のある背景を見出さない限り、納得できません。

感情のドアが開くと安心して行動する

思考に働きかけると安心する

安定した信頼関係を
築くための選択肢

　信念型に必要な安定した愛情や友愛の関係は、必ずしも恋愛や友人である必要はありません。上司や趣味の友人がゆるぎない関係性になってくれることもあります。

　職場にも信頼のおける人間がいないと感じたなら趣味の習い事やスポーツ、カルチャースクールなどで新たな人間関係を見出すのもいいかもしれません。信念型は安定した愛情がないとときにたまったストレスで無用に部下や関係者をコントロールすることで調整しようとします。コントロールされてしまう相手のほうは、理不尽な対応をされていると考えて、信念型に失望してしまいます。

　結果的に悪循環に陥って信念型の明晰で細やかな能力は地に落ちてしまうことになります。能力はどんなに有用でも、ネガティブな要素が強くなると、魅力的な部分は見えなくなります。

　関わる人間も本人も、適応タイプ別のネガティブな要素とポジティブな要素をしっかり把握しておくと、つねにどんなタイプとも対応できていくのです。

　特に信念型は、頑固一徹な側面があるので、考え方が加速すると、暴走して厳しさに拍車がかかってしまう場合があります。自分の中の揺るぎない意思がより強くなり、批判的意思が強くなってしまうのです。自分の中のゆるぎない物への一途な思いの強さは、ゆるぎない物へ強烈に憧れているということでもあります。

　安定感のある信頼関係が信念型には欠かせません。

POINT

絶対的な安心感を手に
すると疑うのをやめる信念型

反応型は戦う必要が ないことを知り 協力することを知る

親から管理されすぎて
戦うことを必要とする

反応型はユーモラスだが 自己中心的で根気強い

　親からの必要以上に強い執着によってコントロールされてきた反応型は、自分の思い通りに生きようとして自己中心的になりがちです。ユーモラスでいることも闘争を避けるための手段であったりします。

　つねに親とのやり取りに苦労してきた反応型は、戦うことをやめて互いに協力し合うことが大切だと知る必要があります。

　いつもふざけているようですが、実は心の中では強い哲学があります。社交的で子どものように人懐っこく楽しむことが大好きな反応型にとって、コントロールされ管理された窮屈な環境が最も苦手

です。

　リラックスできてマイペースに行動できる場で自分の能力をいかんなく発揮します。

　環境が良ければ根気よく物事に取り組み、だれも思いつかない自由な発想で業務を実行することができます。

　変わり者と思われがちな反応型ですが、忠実で実直な側面もあります。無邪気でふざけているようでありながら、実は明晰に物事を見抜く能力があります。

行動に楽しく働きかけると
受動攻撃をしない

　反応型のオープンドアは、行動です。彼らは受動攻撃的なので、嫌だと思うと無視し、怠けるということで間接的に攻撃をします。反応型のこの受動攻撃性は、意識的であることもありますが、無意識でやっている場合もあるのです。

　「腹が立つから喋らない」「むかついたからやってやらない」などの態度で怒りを示します。直接攻撃的になることは少ないですが、上記のような悪質な対応をすることで、嫌悪感を示すのです。

　支配的なモードで関わると受動攻撃的になる傾向にあります。それ故に命令的な対応をしたり、要請するような態度をとるのはよくありません。感情モードで、楽しく朗らかにコミュニケーションすると反応型は受動攻撃性を発揮することなく打ち解けます。

　情に訴えかけられることに弱いので、楽しいこと、嬉しいこと、

感動すること、悲しいことなど感情的な対話に対して強く琴線に触れるのです。いつもふざけているようですが、実は非常に情に厚いところがあるのが反応型の独特なところです。

そのように行動を促されると、次第に感情の扉が開かれてきます。

行動を誘うと心を開く

自分の世界

来るなら来い！

攻撃をされたらやり返す！

いつでも攻撃できるように・・・

何？

感情が揺さぶられると戦うことをやめる

感じ悪いな・・・

情に訴えかけられる
ことに非常に弱い

次のターゲット・ドアは感情です。情に揺さぶられて感情的になった反応型は心を開きはじめます。養育モードを使って自分はあるがままでいいということを受け入れることができると、闘争にとらわれていた自分や傷ついていた自分に気づかされます。

感情の扉を開き、自分の内面を見つめることで自分の気づいてい

なかった自分のネガティブな要素に気づきます。エネルギッシュでとぼけているので、周囲も場合によっては自分自身も自己のネガティブな部分に気づいていないことがあるのが反応型です。

　このタイミングで実は心の深くで傷ついていて、ストレスに思ってきた部分があることを知ってもらうことも大切です。

　自分は必要以上に管理され、戦わなければいけない状況に置かれていたことに気づいた反応型は、自分が闘争し、窮屈な状況にみずからを置いていたことに改めて気づくことができます。

　反応型は、自分のことに鈍感な傾向にあるので自分自身の過去や現在の本質に触れるプロセスは非常に有効だと考えられます。

思考するととても明晰
深い洞察力を発揮する

　そして最後のトラップ・ドアは思考です。閉じていた感情が開かれた反応型は、新たに認知した自分のパーソナリティについて思考することをはじめられるようになります。

　自分の中で葛藤していたこと、無意識で闘っていたことを知り、必要以上に葛藤することをやめます。

　社交的で人と楽しむことが好きな反応型ですが、実は内省的な側面もあります。1人で悩まず、だれかと協力して物事に取り組む素晴らしさを知ることが大切です。

　自分をありのままに認めることは、人をありのままに認めることと同じです。そうすると自分の態度やあり方が自己中心的だったことも認めることができます。

　自分のできることを他人も当たり前にできなければいけないのだとか、自分よりも能力の低いものを小馬鹿にするようなことをしなくなります。自分と他人は違うもので、それぞれの価値とそれぞれの能力があることを知るのです。

感情を揺さぶられると思考する

感情に訴えかけると明晰な頭脳を使って思考します

いきなり思考に働きかけると受動攻撃をして心を閉ざす

反応型にやってはいけないことは、いきなり思考に働きかけることです。頑固で自己中心的な彼らは、唐突に自分の考えに対してアクセスすると、憤りを感じ、頑なな殻に閉じこもってしまいます。

　他人の意見に与することなく、自分の考えが正しいということに固執してしまいがちです。

　ユーモラスでエネルギッシュである反面、一度心のシャッターが

閉じると、なかなか心を開いて受け入れることはできません。その状態を変えられず、完全に関係を断絶してしまうこともあります。

　反応型は行動し、感情に働きかけられることを好ましく思います。楽しいこと、ユーモアたっぷりのコミュニケーションをとることがとても好きです。無邪気に遊んだり、会話を行い、楽しむことで深い関係性を築いていくことができるのです。

　反応型は、独創的で一度関心を持つと人並以上に熱心に追求します。深く突き詰めてだれも考えがつかないような能力を発揮することもあるのです。

　頑なで自己中心的であるのは、そんな集中力と追求する能力の高さの裏返しでもあります。

　一見するとふざけた変わり者ですが、実は忠実で勤勉な側面もあります。興味関心の高い物に対しては、高い集中力を発揮して誰よりも深く知ることができます。その集中力と思考力の高さにアクセスするためには、楽しいことから入らなければいけないという、言ってみればひねくれ者体質なわけです。

　決してまっすぐな性格ではないが、知るほどに面白みがあるのが反応型の特徴といえるでしょう。

コントロールされない環境で頑固であることをやめる反応型

思考型は自分の魅力を知れば力を抜いて寛げるようになる

達成することが一番と教えられてきた思考型

　思考型は、達成することを強く求められてきたため、何事も計画的に予定通りに間違いなく行うことを大切にしています。

　いつも緊張感に満たされていて、気を抜くことを知りません。仕事をする人としては完璧ですが、ときに周囲はあまりに神経質な思考型に嫌気が指してしまう場合もあります。

　思考型に必要なのは、ときには肩の力を抜き、リラックスして楽しむことも大切なことを知ることです。

　仕事を完璧にこなすことは非常に大切ですが、発想力や客観的な視点は一旦力を抜いたときに生まれるものです。硬くなった思考を

柔らかくし、柔軟に発想を生み出すためには、寛いで楽しむことも必要なのです。

いつでも間違いのないように、冷静で明確な思考で行動する思考型は多くの信頼を得ることができます。業務が達成するまでは、休むことなく徹底的に働くので、周囲に尊敬され、集団の中心的存在になることもあります。

思考型が緊張を解き、寛いで楽しむことを知るためのプロセスは最初に思考に働きかけることです。

考えることがなにより好き
思考を深めて次のステップへ

思考型のオープン・ドアは思考です。要求モードで適切に働きかけることができれば、真面目に考えを深め、適切な答えを導こうと努力します。

彼らは思考することを好むので、全体を眺め、考えをより深める作業に没頭することができます。彼らの思考に共感を示すと、さらに思考を深めて突き詰めていきます。

このプロセスが、強みでもあります。徹底的に物事を追求し、完璧に答えを見つけるまで考え続ける能力に長けています。

しかし、コミュニケーションする側が、思考型の考えについていけず、共感できないと彼らは失望します。正しい理解ができていない、考えを深めることができていないと怒りの感情を露わにするのです。

　このままでは、自分の思うような答えに到達できないことに大きな憤りを示すのです。強い緊張感はより強固なものとなって、心を閉ざしてしまうのです。

　円滑に分析が進み、相手が理解していることが確認できると次のステップへと向かうことができます。

思考から感情のステップで心を開く

思考に働きかけると
感情が揺さぶられる

徹底して思考すると
少しずつ感情を見せはじめる

　ターゲット・ドアは感情です。思考することが極まってくると、思考型は感情的になってきます。喜びや楽しいという感情をこぼれさせます。

　思考が落ち着いてきたら養育モードを使って感情に寄り添うとよ

いです。どういう別の考え方が可能なのか、どうしたら解決できるかを諭すように語りかけるのです。

彼らは感情をオープンにして自分の心の内を伝え、理解されることで寛ぎはじめます。計画的に完璧に達成しないことは、大きな問題をもたらすという考え方が変わり、まわりの人間を許すことができるようになります。

完璧主義というのは理想的なようでいて、どこか非人間的で近寄りがたい要素もあります。同じ回路を持たない人間からすると苦手意識が生まれやすく、完璧でないと許されないということを強要されるのは大きなストレスとなってしまいます。

自分が完璧を追求することと、他者が完璧でないことを区別できる考え方が彼らには必要不可欠です。

理論武装している思考型の心の壁を崩すのは難しい

最終的に思考型は、頭で理解したことを実現するための行動に移します。

他者がありのままでいることを許し、自分も達成することだけが全てじゃないということに気づくことができ、はじめて心から寛ぐことができるようになるのです。

自分が計画したことが思った通りにならなくても、自分を許すことができるようになります。

多くの人間が陥るのは「自分がやっていることが正しい。他人も同じであるべきだ」と考えてしまうことです。このハードルを超え

るためのさまざまなステップを経る必要があります。

　特に思考型のように頑なな壁を築く傾向があるタイプは、簡単にその牙城を崩すことができません。少しずつ柔らかくし、焦らずアクセスしていくことで、心の奥底に閉じた感情を開いていくようになります。

感情が動くと行動に移す

感情が開かれると寛ぐことを考える

完璧主義を他者に
強要しないようになる

　思考型にやってはいけないことは、いきなり「これを行う」と行動を促すことです。彼らは、物事を頭で理解しないとテコでも動きません。とにかく論理的にわからないことや計画性のないことに感心を持ちづらいのです。

「行動を変えなさい」と唐突に彼らに指導することは最もやって
はいけません。

　行動を変えなければいけない理由はなになのかを自分自身で考え
させることで、答えを導き出します。理屈でどのようなスタイルが
理想的なのかを理解できれば、思考型はその特性を生かして完璧に
実行に移します。寛ぎ、協調することができるようになると、有意
義な関係性を築くことができるようになります。

　他者が自分のようであることを強制しないので、バウンダリーも
明確化されていきます。自分の方法論が人よりも突出したものであ
り、人が自分と同じである必要はないんだとわかるようになります。
そうなると思考型はバランスのとれた考え方で人と相対できるよう
になるのです。

　怠慢になることが問題であることはあっても真面目すぎること
が問題になることは通常ありません。だから、思考型はまったく
隙のない存在と認知されがちです。ところが実は、寛げないこと
が欠点であるということもあるのです。長い目で考えると思考型の
抱える問題は簡単に解決しづらいことかもしれません。ですが、時
間をかけて少しずつ視点を変えていけると良い場合があります。

POINT

完璧であることが全てではないと
知るとリラックスできる思考型

PART 08

感情型は感情と事実を切り離せば冷静に判断できる

心地よいことが好きな感情型は思考するのが苦手

利他の精神が大好きな感情型は直感的

　いよいよ最後は感情型です。人に尽くし、喜びを与えるのが大好きで社交的な彼らは一見すると見るからに人が良く、なにも大きな問題は抱えてないように見えます。

　しかし、親から人を喜ばせることを大切なこととして養育された感情型は、行動ではなく「振る舞いで喜ばせるべし」と教えられてきました。そのため感情で物事を判断することを正しいこととし、起きている事実や論理的思考で判断することを苦手とします。感覚的に良いと感じたら、最良だと感じ、理屈でいかに正しいかを伝えても響きません。

　「優しさ」や「明るさ」で人を喜ばせ、楽しんでもらうことに大きな比重を置いている感情型は、対象が楽しめているかどうか、つまらないのではないかということが過剰に気になってしまいます。

　利他的であることこそが最も大切なことであり、自分を押し殺すことを当然のこと、当たり前にしています。

　感情型に必要なのは、思考と感情を切り離し、自己主張して自分自身が楽しむことも大事だと知ることです。怒りを表に出すこともできない場合があるので、他者との境界線を引くための怒りを必要なものとして認識する必要があります。

心を揺さぶられることを
好ましく思う感情型

　感情型のオープン・ドアは感情です。思考し、行動することよりも心地よい感情の中に身を委ねることを好んでいます。養育モードを使って情に訴えかけるコミュニケーションや、感情モードで楽しくユーモラスに働きかけるのも良いでしょう。

　楽しむことと心で感じることが好きな感情型は、心を揺さぶられることで相手を強く信頼します。感情型は、感情が思考と直結しているので、心地いいと思うことと正しいことが同等のものと考えるところがあります。この感情と思考が線引きできないことで問題が起きる場合があります。

　何事も感覚的直感的に捉え、理性的にものを考えることが少ないので、冷静に全体を見通したり、物理的に問題があるかどうかにつ

いてあまり気に止めません。

　直感的な判断が結果的に理性的な決断よりも正しいときもありますが、多くの場合は人が理解しやすい考えが選ばれます。

　また、利他的であるために自分を大切にできなくなるのも、問題になる場合があります。他者の傲慢な要求を拒むことができず「自分さえ我慢すれば」と無理をしてまで人のためにあろうとするため、限界まで自分を追い詰めてしまうこともあります。

感覚的なことに敏感に反応する

思考にいきなり働きかけても心は動かない

自分の世界

楽しくないことは大事じゃない

フーン

なんで？

考えることも大事よ

ターゲット・ドアで
思考に働きかける

　感情型の持つこれらの苦手な面を克服するには、次のステップで、思考に働きかけることが大切です。

要求モードを使って「本当はどうあるべきか」を考えてもらうのです。心地よい感情の中で、思考をはじめた彼らは、自分の選択の偏りに気づきはじめます。

もっと理性的な判断をしないと間違いが起きるかもしれない。ダメなものはダメと言えないと自分にとっても周囲にとっても迷惑かもしれない。そう明確に気づくことで自らの行動も変えて行こうとしますが、感情型の根本的な感覚的な回路は変えるのが容易ではありません。

そもそも思考すること自体が得意ではないので、頭で考えたことは忘れてしまう傾向にあります。根気よく繰り返し考え方を叩き込んでいくことで、少しずつ変化していくことができるのです。

次第に感情と思考が統合されて、次なる行動へと向かうことができます。感情型が思考に優先順位をおくことは難しいかもしれませんが、どういう行動をすべきかを判断することはできるようになります。

自分でできなくても
人の声に耳を傾ける

自らの考えではないにしても他者の理知的意見に耳を傾け、間違いが起きないための選択ができるようになれば、感情型のあり方は一歩前進したと言えます。みずからの過剰に利他的な考え方を改め、他人との線引きを少しでも実行できたなら、大きな前進でしょう。

感情型が元来持っている他者を喜ばせ、もてなすことによって多くの人が救われます。慈愛精神の塊のような感情型に多くの人間が

惹かれるはずです。たくさんの人に愛され、楽しみながらも理性的
な判断が下せない自分に苦しむときがあるのです。

　人の性は、なかなか簡単に修正できるものではないですが、その
ことを知るだけでも変化する時があります。

　自分の気質を知り、欠点を知ったら意識的にも無意識的にもそれ
を補填する行動を探すようになります。**感覚的な感情型は無意識下
で欠点を修正するように行動するかもしれません。**

思考しはじめると行動に移す

感覚的な理解から思考へと移行し、最後に行動へ

自分を変えることは
人を助けることと知る

感情型にとって一番いけないのは、最初に行動に働きかけること
です。大抵の場合、強引な対応を迫られていると嫌悪感を示します。

命令的、要求的な態度をとられることには与しない傾向にあります。

断ることはあまり得意ではありませんが、避けて誤魔化すことはできます。

そもそも感情が思考を支配している傾向にあるので、理路整然と理屈を述べられてもまったく響かないのです。感情型にはひたすら感情に訴えかける態度が効果的です。その入り口を間違えることなくアクセスすれば、理解を深めること自体はそれほど難しくないかもしれません。

思考にディティールを求めるタイプではないですし、自分にとって絶対に必要なものだと感覚で理解すれば、考え方をシンプルに変えることができるタイプです。

それが結果的に人のためになるならばなおさらです。感情型にとって一番大切なことは、なにを増しても人のためになるかならないかということにあります。自分を律し、自分を愛することが他者にとっても幸福をもたらすことだと知れば、感情型は即時行動にまで至るでしょう。人のためになること、人が心地いいと思うことが大好きな感情型は多くの人に愛されるキャラクターです。

POINT

自分のことも大事にすることを 知ると思考を大切にできる感情型

マインドフルネス瞑想で
自分を俯瞰する

認知行動療法では、俯瞰することをとても大事にします。自分を俯瞰し、自分のパーソナリティを客観視することで、特性を理解し、変えようとしたり、適した環境に身をおくように調整していくのです。

　これを基本的には、セルフモニタリングという方法で行いますが、この俯瞰するプロセスは実はセルフモニタリングだけしか方法がないわけではありません。昨今、大きなムーブメントとなりつつあるマインドフルネスをはじめとする瞑想は、まさに自分を内観し、知る作業です。

　そういう意味では禅や瞑想、ヨガといった方法論は非常に心理療法との相性がいいとのです。マインドフルネスでは「いま、ここ」に意識を集中することに重きを置いてます。雑念を払い呼吸法を行うという意味では多くの瞑想と同じ方法を使います。

・目を軽く閉じるか、少しだけ開ける（半眼）

・息を吸ったときにお腹を膨らませるのを感じる

・吐くときはゆっくり長く、お腹をへこませる

これを10分ほど続けることで、心を整えることができます。これらの瞑想もできるだけ、毎日継続してちょっとずつやることに意味があります。呼吸法はストレス解消効果も高いので、認知のプロセスと同時にリラックス効果を得ることもできるのです。

　セルフモニタリングが苦手ならば、マインドフルネスやヨガ、瞑想も効果的と言えるでしょう。

STEP 4

理解度チェック

- ☐ 考えを明確にする、書き出す、考察する、新しい考えを選択する、4段階の認知再構成法

- ☐ 行動から思考へ働きかけると、人との交流が必要と理解する想像型

- ☐ 行動から感情へとアクセスされると、焦らずじっくりと事を進める必要性を知る行動型

- ☐ 思考させ、感情へと導くと疑いすぎるていることに気づき、人を信じるようになる信念型

- ☐ 楽しい行動からアクセスし、感情を発露させると葛藤することをやめ、素直になる反応型

- ☐ 思考することからはじめ、感情を取り戻す完璧主義をやめ、楽しめるようになる思考型

- ☐ 心地よい感情にアクセスし、思考することを促すとよく考えて自分を大切にする感情型

STEP 5

こんな相手にはどうする?
タイプ別解決法

適応タイプごとにどの適応タイプとどの適応
タイプの相性がいいのか? また、適応タイプ別同士でどのような関係性を築くと有意義
なのかを解説していきます。

適応タイプ別の相性
同じ気質が合うのか？

　ここまでで、認知行動療法と人格適応論を使って自分と他人との関係性を良好にし、深める方法を紹介してきました。最初に自分のフィルターを俯瞰することでフラットにし、そこではじめて他人について客観視ができるようになります。さらにそこから人格適応論を使って他者との関係性を構築していくのです。

　段階を踏んでスモールステップでトラップドアまで深い関係性を結べば、相手との強い信頼が生まれますし、人間関係における問題も良好なものとなっていくでしょう。

　どんな人間も多様な人と良好な関係を築く可能性を持っています

し、前述のようなステップを踏むことができれば、関係性を改善することも可能かもしれません。

　ここまで述べてきたように、オープン・ドアにアクセスするための適切なコミュニケーションモードがあるのと同じで、適応タイプごとに良好な関係を結びやすい傾向はあるはずです。

　想像型のようにこもりがちなタイプは、反応型のユーモラスで社交的なスタイルは苦手とするでしょう。逆に思考型のようなしっかり者で一生懸命なタイプは、想像型と相性がいいかもしれません。

引きこもるタイプと
社交的なタイプ

　このような視点で適応タイプをわけてみると、関係性の相性を考察することができます。引きこもるのを好むのは想像型と思考型と信念型です。社交的なのは、反応型と感情型。行動型は引きこもるときと社交的な場を行き来します。

　問題解決という観点でいうと能動的に動くのは思考型と感情型と行動型で、受動的なのは反応型と想像型です。信念型は問題解決という観点においては、中間的立場をとることが多いのです。

　こうしてみると引きこもるタイプと社交的なタイプは相性が悪いように見えますが、必ずしもそうとは言えません。確かに家で静かにしていたいタイプ同士は、雰囲気と感覚は似ているかもしれませんが、反応型のユーモラスな性格が思考型の真面目で朴訥とした一面を補って楽しませてくれる場合もありますし、社交的な適応タイ

プが、引きこもるタイプを連れ出すことで良い関係性が成立することもあります。お互いの不足を補い合うことで新しい発見をもたらすのです。受動的なタイプはむしろ能動的なタイプと一緒にいるほうが楽しめる場合もあれば、過度に社交的すぎるとついていけなくなることもあるかもしれません。

いきなりトラップドアを開けないこと

開けて欲しくない心の奥底をいきなり開けられると人は拒否反応をする

来たよー

!!

いきなり来ないでよ！

あえて苦手に立ち向かう
エクスプロージャー法

お互いのトラップドアをいきなり開けるようなことがなければ、それなりの関係性を築けるわけです。引きこもるタイプ同士で家で楽しむ場合もあれば、引きこもるタイプと社交的なタイプは対極ではあるが、お互いの趣向の一致から社交的なタイプに連れ出されて

引きこもるタイプが少しずつ社交的になっていくようなプロセスも
あるでしょう。問題解決という意味では、お互いに足りないものを
引き合うようになるので凹凸の関係のほうがバランスがとれるとい
う見方もあります。

　また、トラップドアをいきなり開けることは原則よくないことで
すが、ときにわざと繰り返しトラップドアにあたる苦手な物に挑戦
することで苦手を克服する方法もあります。

　心理療法では「曝露反応妨害法」と呼ばれているアプローチです。
意図的に苦手な事象や行動に挑戦し、それを繰り返すことで苦手な
行動を克服していくのです。誰でも体験を繰り返すことで慣れが生
じます。慣れてしまえば苦手なものもそれほど苦手にならなくなる
ことがあるのです。かなり特殊な方法でストレスも大きいですが、
克服しなければならないと自分が感じるものがあった場合に取り組
むといいかもしれません。過度にストレスフルですと、逆効果になっ
てより強いダメージを受けてしまう可能性もあります。

　自分が見たくないものをわざわざ見るわけですから、辛くない
わけがありません。通常はコンタクト・ドアの方法論で段階を経
て解決していくものです。

POINT

適応タイプ別に
付き合い方がある

147

想像型が
ほかのタイプと
付き合うときは

コミュニケーショ
ンが苦手な想像型

想像型は組織の頭脳
孤独であることを認めよう

想像型は、原則として他人とのコミュニケーションを苦手として
いるので、ほかのタイプとの相性に偏りができる傾向があります。

性格としては優しく思いやりがありますが、自分の考えに対して
は頑固で揺るぎないものがあります。

想像型は1人でいることを好む傾向があるので、どんなタイプで
あれ孤独を尊重することを前提として付き合う必要があります。協
調性がないことと頭ごなしに否定することは意味のないことです。

団体行動は苦手ですが、1対1で対峙するのは得意なので、しっ
かりと理解し対峙することからはじめれば、少しずつ人と協調して

いくことができるようになります。

　非常に知識豊かで知的なので、組織やグループの頭脳的存在としてその能力を発揮できるタイプです。

想像型と行動型
凹凸の関係性

　行動型は、アグレッシブで積極的で、リーダーシップをとろうとする傾向にあります。想像型の思いやりのある側面が、行動型の積極性に応えることもあります。

　しかし、自分の考えと著しく違う側面や孤独を好むことを批判されてしまうと関係性は険悪になります。

　行動型の人は、想像型の孤独を好む傾向や独特の哲学に理解を示すことでいい関係性を築くことができます。想像型は、行動型の積極性に憧れを抱き、支持することができます。リーダーシップをとる行動型に対して知性や頭脳的側面でサポートできれば、素晴らしいパートナーシップを築ける可能性もあります。

　激情的になりがちな行動型に対して、つねに落ち着きを持って知的な態度で諫めることができる想像型の存在は、１つのグループを形成する際に欠かせない存在です。

　適応タイプ別に多様な存在がいることは、集団のバランスを維持する上で大事な要素になります。知的でとらわれのない想像型のスタンスは、組織の中で時として非常に効果的に働くことがあります。

想像型と信念型
どちらも頭脳タイプ

　どこか保守的で明晰な信念型は、考え方が同じであれば想像型といい関係性が築けます。しかし、どちらも自分の考え方や信念に強い思いを抱いているので、思考が合わないと常に距離のある関係になってしまいます。

　想像型の持つ思いやりや優しさと信念型の持つ明晰な頭脳がうまく絡み合えば、適正で互いが心地いいバランスになる可能性も大いにあります。

　信念型は社会に対して懐疑的だったりしますが、個人に対してはその任侠的性格から等しくいい関係性を築こうと尽力します。行動型の適度な距離感が、信念型にとっては心地いいこともあるでしょう。

　想像型も信念型も知的で明晰な側面は似ています。同じ趣味趣向であれば、お互いに高め合っていける可能性を十分に秘めています。

　信念型は対人関係に問題を抱えているわけではないので、想像型を外へと誘い、トラップ・ドアへと導いてくれる存在になり得るのです。

想像型と反応型
協調性を強要するとNG

　反応型は、遊び心があり、非常にエネルギッシュです。子どものように無邪気で外交的なので、タイミングを誤ると想像型にとっては苦手なタイプに写るでしょう。協調性も強く、団体行動を好むの

で想像型の考え方とは相反することも多いはず。

しかし、積極的な反応型の意識が想像型に向き、想像型にとってそれが自分の哲学と相違なければスムーズに受け入れられて共に時を共有する可能性は十分にあります。

ただし、ほかと同様に反応型が想像型に対して協調性を強要するようなことがあると、想像型にとっては居心地の悪い環境になってしまいます。

多くの人と関わることが好きな反応型にとって、想像型を「1つの個性」として認知することが可能なら、関係性は悪くならないでしょう。

想像型も基本的には思慮深いので、必要以上に批判されるような状況にさらされなければ、積極的に関係性を結ばれることは嫌なことではないはずです。

想像型と思考型
良心がいい方向に向けば良好に

思考型は基本的に良心的であろうとします。正しくあることを大切にひたすら真面目であろうとする傾向があります。想像型の内向的な方向性が思考型の正義感と合致すれば、非常にいい関係性になれるでしょう。

責任感が非常に強いので、想像型の孤独な傾向を守ろうという方向に働けば、想像型は理解されていると感じることができて、オープンな関係性を築けるでしょう。

ところが逆に協調性がないことを問題視するような視点でその正

想像型と思考型は真面目同士

真面目なことは大事よね

どちらも内向的で
生真面目な性格な
ので、相性がいい
想像型と思考型

義感や義務感が働いてしまうと逆効果で、大きな隔たりを生んでしまうこともあります。

　想像型にとって、自分の根本的あり方を否定されてしまうことは、大きなショックになってしまいます。

　トラップ・ドアにあたる部分を叩くには、外堀をしっかりと固める必要があるということを、思考型の生真面目な頭脳で認識しておきましょう。

　変化を促すためにはまず個性を理解することが大事です。

想像型と感情型
利他精神が癒してくれる

感情型は、人に心地いいと思ってもらえることを好みます。利他精神が強く、想像型の孤独な心持ちを理解し、愛情を持って対応することができるので、想像型にとっては非常に心地いい相手と感じられます。

想像型も思いやりと優しさを持っているので、感情型の慈愛の精神に少なからず共感できるはず。ただ、感情型は非常に社交的でおもてなしが好きなので、感情型の協調性を求める志向と想像型の「孤独でいたい」または「1対1で関係性を築きたい」という志向にズレが生じてしまうと関係性は疎遠になっていきます。

また、感情型はどちらかというと感覚的で感情のたかぶりでものごとを実行に移すので、ときに思慮深い想像型にとって感情型が無秩序に映ってしまう場合もあるかもしれません。そうすると想像型は感情型に失望し、やはり距離ができます。

想像型の頑なな哲学が、感情型のおおらかさと大きな温度差が生まれなければ、想像型は感情型のエネルギッシュで愛情に満ちた態度に癒され、自分自身を変化させていくことにもつながるでしょう。

POINT

想像型は信念型
反応型と特に相性良し

行動型が
ほかのタイプと
付き合うときは

行動型の一歩が
大きな成功に結びつく可能性も

　行動型は、思いついたら行動を起こす傾向があります。じっくりと物事を考えてから行動に移るよりも、まず実行し手探りで進めていくような感覚です。人から聞いたり自分で調べたりするよりも、経験則から学んだことを教訓とすることが多いかもしれません。

　また、行動型には即断できるという特徴もあります。これは長所にも短所にもなり得ますが、「まず行動ありき」なため、優柔不断になることはありません。

　迷っているうちに時間だけが過ぎていた、というのが致命的なビジネスシーンでは、良くも悪くも結果を出すタイプといえます。

　行動型は、理屈よりもそれまでの経験で培った勘やひらめきを重視します。しかし、これもとりあえずやってみるというスタートから大きな成功を収めることもあり、必ずしもネガティブな要素ではありません。

行動型と想像型
正反対だが相性良し

　想像型は１人でいる時間を大切にし、なにかことを起こすには思慮深く考える傾向があります。また、一度に複数のことを同時進行することは苦手。やることが明確になっていたり、自分のペースで進められる仕事では力を発揮するでしょう。

　一方の行動型は、考えるよりもまず行動に移すことが多いため、一見正反対のようにも見えますが、熟慮するけれどなかなか行動に移せない想像型と、考えるよりも先に行動する行動型がお互いの弱点をフォローし合えば、良好な関係を築け、よりビジネスの幅が広がる可能性が高まります。

　行動型も単独行動を好む傾向があるため、協力して物事に当たるのは苦手です。グループ行動が苦手という意味では、同じ考え方なので、考え方を共有できる側面もあります。しかし、必ずしも協調性がないというわけではないので、お互いを尊重し合って取り組めば、大きな成果を得ることができるでしょう。

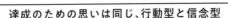

達成のための思いは同じ、行動型と信念型

目標は同じね！

エネルギッシュで
行動力があるとい
う点で同じ意思を
持つ行動型と信念
型は相性がいい。

行動型と信念型
組織のトップにぴったりなコンビ

　信念型は強い信念を持ち、自らの考えを認められることをとても
好みます。それだけに細かな点までこだわり、意見を述べたり、管
理能力やチェック能力を求められる仕事、業績が明確に表れるよう
な仕事では高いポテンシャルを発揮します。

　ただ、その信念に固執するあまり、用心しすぎる、押し付けがま
しくて融通が利かないなどと評価されることもあるようです。

　行動型との間には、カリスマ性がある、リーダー気質タイプ、行
動力もあるなどのアグレッシブな点で共通点があります。

　簡単に他者を信用しないなどの用心深さもある上、明晰な頭脳と

ある程度の狡猾さも併せ持っています。手を組んで組織を率いるような立場に向いているといえるでしょう。

　この両タイプがトップに立ちお互い補い合うと、強力な推進力を持った組織に成長していくので、組織を成長させるにはこのタイプの組み合わせは必要不可欠となります。

行動型と反応型
目標が一致すれば大きな力に

　反応型は物事に楽しさや遊び心を求めるところがあります。

　一方で「好き・嫌い」で自分を表現する傾向があり、客観的な視点には少し欠けていますが、物事の判断は柔軟性を持っている部分もあります。

　また、思い立ったらすぐに行動に移せるフットワークの軽さも反応型の特徴でしょう。それだけに、遊び心が必要な仕事やクリエイティブな仕事には向いているタイプだといえます。

　行動型との共通項は、他者との交流に多くを費やすことです。しかし、両タイプとも表面上は陽気で楽しい交流を好みますが、ときに闘争的になることもあります。

　さらに思いついたらすぐに実行に移せる行動力もありますが、飽きっぽいところがあり、熱が冷めるとすぐにやめてしまうところもあります。

　両者とも同じベクトルを目指して行動すれば、大きな成果が得られるかもしれません。両者とも、エネルギッシュに行動する点では同じ思考を持ちます。

行動型と思考型
お互いが噛み合うとベスト

思考型は文字通り、物事をよく思考してから行動に移すため、完璧さを追及する傾向があります。

事実や情報といった客観的な視点から自分を表現することが多いため、抽象的な表現は嫌う傾向があります。

熟慮する分、行動に移るには時間がかかることがあります。また、自分に厳しい側面もあるため、仕事を抱え込むことも見受けられます。

思考型は計画の立案やその実行、効率の高さを求められるような仕事では力を発揮するでしょう。特に緻密な計画の上に成り立っているような仕事では、思考型の活躍が不可欠です。

行動型とは基本的思考が異なるため、合致する部分は少なく感じるかもしれませんが、カリスマ性や信頼性といった部分で共通点があります。

また、行動型は思い立ったらすぐに行動しますが、思考型はまず考えるので、互いに弱点を補い合えれば、ビジネスのパートナーとしてよりベストな関係を築いていけるでしょう。

行動型と感情型
水と油の関係の似たもの同士？

感情型は人を幸せにすることに無上の喜びを持ち、人の笑顔を見ることに喜びを感じます。そのため、相手の真顔は「怒っている」と早合点してしまうこともあります。

　自らの気持ちで自分を表現する部分があるため、自分も人から感謝の言葉をかけられたときや褒められたときは喜びを感じます。

　人間関係を大切にし、自分が他人からどう思われているかを気にする傾向があるため、人から好かれる人物が多いようです。

　一方でストレスを感じると感情的になったり、現実逃避する傾向もあります。

　行動型とは、社交的で人脈が広く、だれとでも友達になれるという共通項があります。感情型はやや優柔不断な面を持ちますが、そこを行動型の即断力が補ってくれることもあり、一緒に物事に取り組んだ場合はベストな結果が得られることでしょう。

　行動型は、とにかく情熱的なので、彼らの熱いパッションを受け止め、追随できる存在がいい関係性を築けます。また、熱く議論することが好きですが、実は理論で解決するよりも感覚的に理解するタイプであることをよく認識する必要があります。

　意外に理屈よりも直感的に正しいものを見ると納得する傾向も強いのです。ついつい議論で打ち勝とうとしてしまいますが、最終的に感情に訴えかけることが有効なのです。情熱的でパワフルな行動型は多くの人の憧れの対象になるタイプです

POINT

行動型は感情型
反応型と気が合う

どんなときでも自分を押し通す
猪突猛進の信念型

　信念型はその名の通り、強い信念を持ち、その信念を基に行動するタイプです。傍目には頼もしく、尊敬の念を持たれることが多いです。

　しかし、一方ではあまりにも強い信念を持っているために周囲の意見に耳を貸さず、考えを押し通したり、押し付けがましかったりすることもあります。

　さらに自分に自信を持っていることが多く、他人の考えを批判するようなことも。

　また一度、人間関係がこじれてしまうとなかなか修復できないこ

とが多いようです。

　この傾向は特にストレスを感じたときに強く出る傾向がありますが、これは信念を押し通そうとするのは自分が認められたい欲求の強さの表れでもあります。

　信念型の人は認められることが最大の喜びです。

　少し気難しい部分もありますが、このタイプは基本的にはポテンシャルが高いことが多いので、ストレスなく物事を進められる環境が整えば、最大限に能力を発揮することができるでしょう。

信念型と想像型
指示待ちの想像型を導く

　想像型は空想することが多いのが特徴ですが、簡単には行動を起こそうとはしません。自発的に物事をはじめようとはせず、他人の指示を待つ傾向が強いのです。

　ただ、真面目な人が多いのが想像型の特徴で、１つのことをコツコツと行うのは得意なので、指示があればその通りに一生懸命働くことができる性格です。

　また、粘り強さも持ち合わせているので、物事を簡単に諦めたりはしません。

　そんな受身の想像型に対して、信念型は自ら強い意志を持ってアグレッシブに行動するパターンが目立ちます。

　この両者の相性は決して悪くはなく、信念型の指示に対して、想像型はコツコツと仕事を仕上げる役割が形成できます。

　一見、凸凹コンビのようですが、両者が力を合わせれば絶妙のバランス感覚で物事を進めることができそうです。

信念型と行動型
似た者同士で相乗効果も

　行動型は「まず行動ありき」という思考パターンの人が多く、なにかを思い立ったら行動に移さずにはいられません。

　とてもフットワークが軽く、他人から聞いたことや自分で調べたことよりも経験則を教訓としたがります。

　一方で、行動型は「自分は特別」といった意識を持ちがちです。ストレスを感じると、間違いを認めなかったり、あっさりと人を見捨てるような行動もあるようです。

　信念型とは性格がかぶる部分が多いので、両者がビジネス上のパートナーとなるとぶつかる危険もあるでしょう。

　しかし、行動型は順応性が高く、交渉上手なのも特徴です。

　ビジネスと割り切って、どちらかが大人の対応に徹することができれば、もともとアグレッシブな両者だけに大きな相乗効果が生まれる可能性があります。

信念型と反応型
反応型の発想力を武器に

　反応型は楽しさや遊び心を大事にする人が多く、どちらかというと「良い・悪い」よりも「好き・嫌い」という主観的なものの考え方をするのが特徴です。

相性が良くない信念型と反応型

質実剛健な信念型とユーモラスな反応型は対照的な性格をしている。

　いわゆる「右脳タイプ」の人が多く、クリエイターなどに多いタイプなので、好きなことに夢中になると周囲のことはなにも見えなくなってしまうことがあります。

　マイペースな人が多いのも特徴で、怒られているときや真剣な話の最中にも笑顔を見せるようなことがあります。特に悪気はないのですが、相手を怒らせてしまうことも。

　信念型との相性はあまり良くありません。自分に自信を持ち、信念を曲げることがない信念型からすると、反応型は真逆で、イライラさせられることが多いかもしれません。

　ただ、発想力に優れているのも反応型の特徴。

やや頑固な傾向がある信念型には欠けている点ですので、反応型の発想力に信念型が唸らされるようなことがあれば、良好な関係を築くことができるでしょう。

信念型と思考型
利害が一致すればベスト

思考型は完璧主義なところがあります。論理的思考が得意で、物事を考えるときは決して主観に走らず、事実と情報を重視します。

そのため、思考型の人には企画力や調査力などに優れた人が多い傾向があります。責任感も強く、何事も最後まで責任を持って取り組むため、組織では優等生タイプに該当するでしょう。

一方で、ストレスを感じたときは自分のやり方を他人に押し付けたり、人の能力を否定するなどのネガティブな行動をとることもあるようです。

信念型とは思考がとても似ており、区別がつきにくいといわれています。両者とも性格が強いため、なにかがきっかけになって仲違いすると、簡単には溝が埋まることはありません。

しかし、信念型の持つ主張に思考型が納得し、利害が一致するような場面で、ベストな関係を築くことができるでしょう。

信念型と感情型
感情型が察すれば良好な関係に

感情型は「人の幸せが自分の幸せ」と考えます。

自分の犠牲を厭わないようなタイプの人が多いため、周囲にはと

ても気を使います。協調性もあるため、感情型のまわりには、つねに多くの人が集まっていることが多いようです。

　人と接することが大好きなため、人から喜ばれたり感謝されるような仕事で活躍する傾向があります。組織の中でも特に人情派の上司からは可愛がられるのが感情型です。

　一方、信念型は自分の考えを正しいと思うことが多く、感情型とは真逆の性格です。

　これらの特徴でわかる通りこの両者の相性は悪く、信念型からすれば「人の笑顔のために自分を捧げるなど信じられない」となかなか感情型の思考は理解できません。

　そんな両者ですが、感情型は相手の心情を察するのが得意なので、信念型の気持ちを察して、うまく立ち回ることができれば、ビジネスパートナーとしても良好な関係が築けるのではないでしょうか。

　このように頑固な信念型は、自分の哲学や思考がはっきりしているので、その部分で一致していれば、基本的には良好な関係が築けるはずです。同じ思考の関係性の中では人を大切にしますし、大きな力になります。一度強い関係性を築くと実は、もっとも頼りになる存在でもあるのです。

POINT

信念型は想像型、思考型と基本的に良い関係

反応型が
ほかのタイプと
付き合うときは

一緒に学ぼう！

楽しむことが大好き
で研究熱心な反応型

直感で動く反応型は
発想力が大きな武器

　反応型はクリエイターなどに多いタイプで、いわゆる「右脳思考」
をする人が多いのが特徴です。物事の判断基準は「好き・嫌い」で
あることが多く、「遊び心があること」や「楽しいこと」を求めて
います。

　それだけに、自分が好きなことに取り組んでいるときは心底から
熱中し、凄まじい集中力を発揮するでしょう。ただ、自分の世界に
没頭するあまり、周囲が見えなくなってしまうことも。

　反応型は直感に頼る傾向があるため、客観的な視点から論理的な
思考をするのは苦手な人も多いです。また、やや優柔不断なところ

166

もあるため、なにかを決めるのに時間がかかったり、不平不満があるとストレートに表現し、反感を買ってしまうこともあります。反応型の人が活躍できる領域はクリエイティブ職など、組織の中でも限られていましたが、現代は企業内でも柔軟な発想が求められる時代です。反応型の人材をプラスに使いこなすことによって、新たな価値を生み出すかもしれません。

反応型と想像型
発想力と実務能力で互いを補う

　想像型はとてもマイペースで、1人の世界をこよなく愛します。想像力も豊かで静かになにかに没頭することを好む傾向にあります。

　基本的には真面目で集中力も高い人が多く、コツコツと着実に物事を進める実務能力に高いタイプが多いのが特徴です。

　自分のペースで進められる仕事や緻密な器用さが求められる仕事にはぴったりなタイプで、多少時間がかかっても飽きることなく最後まで仕事をやり遂げようとします。

　反応型はセンスや発想力こそ優れていますが、地味な実務でその発想を具現化することはやや苦手にしている人も。

　反応型の卓越した発想を想像型が上手くフォローして形にしていければ、商品開発などでは特に、最高のパートナー関係になれる可能性を秘めています。発想力と実務能力の高さの良好な組み合わせが成立するとベストです。

167

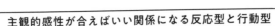

主観的感性が合えばいい関係になる反応型と行動型

面白いことやりましょー

人と社交的に交流することが好きな反応型と行動型は、相性がいい。

反応型と行動型
足りない部分をカバーし合える

　行動型は考えるよりも先に、動き出してしまうタイプ。行動力は抜群で、交渉力も高い人が多く、総じて優秀と評価される人材はこのタイプであることが多いです。

　一方でストレスを感じると人にやらせたり、間違いを認めないなど頑固な面を見せることもあります。また、ミーティングなどでは興味のある議題が取り上げられると積極的に発言しますが、興味がないことだとなにも発言せず、反応もとても薄いことがあります。

　行動型には主観的な部分が強くあり、その意味で反応型と同じような思考を持っているといえるでしょう。反応型と行動型の相性は

良く、反応型がやや苦手にしている決断やフットワークの軽さなどを行動型が補えれば、組織の中でも大きな力になることでしょう。

反応型と信念型
水と油に見えて相性良し？

　信念型は自分の強い意志を持ち、なにがあってもその信念を曲げずに突き進むタイプです。

　あまりにも強い意志を持っているため、ときとして人に価値観を押しつけるような行動をとるようなこともあり、反発を受けることも。反応型との相性はあまり良くありません。

　反応型は直感で動く人が多いため、信念型から見れば理解できないところがあるからです。そして、信念型はストレスを受けると人の考えを頭から否定するネガティブな面もありますので、反応型の優柔不断さや論理的思考が苦手なところを面と向かって批判してしまうことも。

　しかし、信念型には細部にまで気を配る注意深い性格の人が多いので、基本的には実務能力は優れているといえるでしょう。

　上手く関係を築ければ、お互いが苦手にしている部分をフォローし合えるので、素晴らしい成果につながる可能性もありそうです。

反応型と思考型
フォローし合えば成果に

　思考型は完璧主義者の人が多く、物事を行うときにはしっかりとした根拠を求める傾向があります。主観で判断することは少なく、

事実や情報といった客観的な視点で考えます。

それだけに仕事の段取りが上手で判断力にも優れた人が多く、信念型同様、実務能力に優れた方が多く存在します。

ただ、**反応型との相性はよくはありません。**思考型は客観的視点で動くため、直感で動く反応型のことを理解できない人が多いようです。

しかし、世の中の組織は論理的思考のみで成り立っているわけではありません。**ときには反応型のインスピレーションが求められることもあります。**

行動型と反応型の関係と同様に、お互いの弱点をフォローし合える体制を築くことができれば、より良い結果をもたらしてくれるでしょう。

楽しむのが好きな反応型と感情型

楽しいことやろうよ！

楽しむことにかけては、反応型と感情型の相性は抜群。

反応型と感情型
同じベクトルを向けば相乗効果

　感情型は「他人の笑顔は自分の笑顔」といった考えを持ち、人を喜ばせることに生きがいを感じる人が多いです。このタイプは人から喜ばれたり、感謝される仕事が向いています。

　感受性が高く、人間関係を重視する人が多いだけに、敵は少ないのが感情型の特徴ですが、ときには抱え込みすぎることもあります。

　反応型とも共通する部分が多くあり、個人的に仲のいい友人関係になることはありますが、補い合える部分は少なく、ビジネスパートナーとしての相性はよくないかもしれません。しかし、お互い直感で動く部分があるだけに、同じベクトルを向けば、新たな価値を創造するような仕事を達成することができるかもしれません。

　反応型は、ユーモラスですが、知性があります。決して空気を読まずに面白いことをやってやろうと無為な行動に出ているわけではなく、楽しむことが大切なことだという思いがあります。

　信念型や思考型のような生真面目なタイプには、一見わけのわからない人間に見られがちですが、一度その能力の高さを知ると一目置かれるようになります。

POINT

反応型は信念型
思考型が若干苦手

思考型が
ほかのタイプと
付き合うときは

ちゃんと考えて
やりますよ！

責任感が強く、計画
的にタスクを行うこ
とを好む思考型

義務感・責任感が強い
思考型は組織の牽引役

原則として達成することにこだわる思考型は、**強い義務感・責任感を持っているタイプ**です。

従うべき存在に対しては良心的で、自分のすることに関して強い承認欲求を持っています。そのためいまこの状況でなにをするのが適切かを考えるより、**一生懸命なにかをすること、働くこと、正しくやることを優先**します。

思考型は順応性が高く、仕事においては良い働き手・良い管理者・良い成功者になろうとして、なにかをしていないと不安になり、やっていることがうまくいかないと、くよくよして抑うつ気分を味わい

ます。

　そんなときは、自分だけでなく、他者に対しても批判的・攻撃的になってしまうことがあります。

　思考型は自分の思い通りに仕事をやりとげ、それを認めてもらいたいという欲求が強いので、つねに楽しめず、ぴりぴりと緊張しています。

　そんな完全主義者で仕事中毒になりがちな思考型ですが、組織においては、きちんとしていて面倒見が良いため、他人から信頼される牽引役になります。

思考型と想像型
思考型は想像型の支持者

　思考型の考えは事実と情報に基づいており、いつもより効果的・効率的な行動を追求しています。

　そんな思考型は、基本的に他人とのコミュニケーションを苦手としている想像型に対し、やさしく見守る支持者になります。

　1人でいることを好み、臨機応変な対応は苦手という面を持つ想像型ですが、思考型は、きちんとやるべきことをこなしていれば正当に評価し、得られた成果も1人占めしないで分かち合おうとします。

　しかし、想像型が勝手気ままに振るまってほかのメンバーの妨げとなり、目的達成が困難になると、両者の関係は最悪になります。

　思考型は、想像型がなぜそのような行動をするのか、理解するこ

とができないため、頭ごなしに否定してしまうからです。

思考型は、自分が良い管理者・成功者を目指していることをつねに頭の中に置き、組織の頭脳として想像型の能力をうまく活用する立場であることを意識すると、良い関係性が築けます。

目的達成を楽しむことで良い関係に

楽しく実現しますよ！

思考型と感情型は、
思考型の達成願望と
感情型の利他精神が
うまく噛み合うこと
で信頼関係になる

思考型と行動型
どちらもリーダータイプ

行動力があり、最小の努力で最大限の成果を目指すのが行動型の特徴です。

思考型、行動型ともに組織の中では、信頼されカリスマ性を持つ

タイプですが、それだけにさまざまな問題も出てきます。

思考型が、行動型と個人的に親しかったとしても、どちらのタイプもリーダーとしての性質を持つだけに、お互いを不快に思います。

そして自分の立場を守るため、仕事をお互いの距離を保つための手段として用いるようになります。

思考型と行動型が同じ目標を共有すると、どちらのタイプも知識で相手を打ち負かし、一段上にいようとするので、組織全体がギクシャクしてしまいます。

思考型も行動型も明確な目的意識を持ち、高い効率的な行動を目指す面は似ているので、お互いに認め合うことで作業をより効率化できる可能性を秘めています。

自分のやり方を通し、まわりから認められるためには、仕事における行動力が重要だからです。

思考型と信念型
お互い殻に閉じこもることも

信念型は、自分の考えにこだわった生き方をしている人たちで、頑固という面も持っています。そのため自分と考え方が合わない人と接すると批判的になってしまうことがあります。

一方、思考型は努力家で、自分の予定していたプランが変更を余儀なくされると抑うつ的な気分におちいりがちです。

思考型・信念型はどちらも自分の考えに固執し親分肌で、他人に物事を教えたがり、自分も周囲もコントロールしようとしますが、それだけに実際には神経質で、批判されると動揺しやすいという面

があります。

　思考型と信念型は、お互いに自分の欠点を知られることを恐れ、自分のまわりに壁を築いて、他人を入れず閉じこもってしまいがちです。

　そうならないためには、思考型と信念型が良い関係性を築き、自分の主張より組織の秩序を優先して、やるべきことをコツコツと進めていくことが大切です。

思考型と反応型
相手のエネルギーを引き出す

　反応型は、自分が楽しいことにエネルギーを傾け、思い通りにならないときは、ふてくされてしまいます。

　陽気で人当たりはいいのですが、自分がやりたい方法以外で行うのが難しいタイプです。

　そのくせ組織の秩序を気にしたり、従順なように見えて突然反抗的になって、進めていることを白紙に戻したりすることも。

　思考型は、いつも良心的であり、真面目であることを重要視するタイプですから、気まぐれな反応型の行動を頭から否定して、大きな隔たりを生んでしまうことがあります。

　反応型の特徴は、受動的な攻撃性です。

　彼らは普段表面には出しませんが、心の中では、きちんとやるべきことをやらなければならないという気持ちと、それを破壊してしまいたいという気持ちが葛藤を繰り広げているのです。

　反応型との関係を改善するには、彼らの葛藤を理解し、好きなことを追求するエネルギーをうまく引き出すことが必要です。

思考型と感情型
関係性を育てれば良いパートナーに

感情型は、人と接するときのエネルギーが高く、自分や他人が心地いいと感じることを好むタイプです。

そのため感情型は、利他精神が強く、自分のためではなく人のために行動することが多いという特徴を持っています。

一方、思考型は他人からの関心や評価を強く求めますが、自分のためばかりではなく、人のために行動するという感情型と共通する部分を持っています。

思考型は、予定していたほどの成果が得られないとき、批判し、攻撃的になってしまうこともありますが、感情型を理解しようという気持ちを忘れなければ、よいパートナーシップが築けます。

感情型のオープン・ドアは感情です。彼らと関わる際には、「こうすればうまくいく」という正論を述べるだけではなく、相手の気持ちにより添い、お互いの関係を育てていこうという気持ちが重要です。思考型の高い知性によって、適応タイプの特性を知っていけば、人格ごとにどんな対応をしていけばわかるようになるはずです。

POINT

思考型は想像型、思考型の
内気傾向と気が合う

感情型が
ほかのタイプと
付き合うときは

思いやりは
大事
ですよね

人を心地よくさせ
たい感情型

人と接するエネルギーが
高い感情型

　感情型は、情熱的でなにかに熱中しやすく、「そばにいると面白い」と言われるようなタイプの人です。他人と接するときのエネルギーが高く、五感の心地よさを好みます。子どもっぽいと言えそうなタイプであり、人間関係に関しては積極的で、自分から人と関わっていき、社交的でもてなし上手です。

　感情型は「自分がなにをするか」ではなく、「自分がどうあるか」でまわりを喜ばせることを求めている人です。

　つまり、自分がやったことの評価よりも、自分という人間がまわりの人に喜ばれ、関心を持たれているかどうかで価値が決まると考

えています。

　その反面、感情型は感情が高まりやすく、すぐに表情に現れるという特徴があります。さらに感情型は、感情を通して事実を把握するため、思い込みが激しく、冷静に状況判断ができなくなってしまうことがあります。

感情型と想像型
疲れない関係を築く

　1人でいることを好む想像型に対し、感情型は人に接し、喜ばれることに価値を求めているタイプです。感情型は、他者との間に明確な境界線を引かず、他人の心に踏み込んでいくことがあるので、想像型にとって心理的な負担が大きくなってしまいます。

　しかも想像型はそのことをはっきりと言わないので、不快な思いをして傷つくと、やがて引きこもってしまうのです。

　そうなると感情型は敬遠されてしまい、築こうとしていた信頼関係も崩れてしまいます。忘れてはいけないのは、想像型は、感情型と一緒にいたくないわけではないということです。ただ、それが疲れるので、1人になることでストレスを解消しているのです。

　感情型が想像型と良い関係を築いていくためには、過度な干渉はよくありません。お互いのパーソナリティーをよく理解し、補い合うことが大事な要素となります。干渉されないことが、喜びになる想像型の個性を感情型が知ることでいい関係性になるでしょう。

活力みなぎる感情型と行動型

楽しく元気に！

いつでもエネルギッシュな行動型と皆で楽しみたい感情型は良い関係性に

感情型と行動型
相手に左右されない生き方を

　行動型は、自分に対し、まわりが優しい親のような態度で接してくれることを望むタイプです。人をなかなか信頼せず、傷つけられずに生きたいと考えています。どうしても欲しいものがあるときは、策略と周囲を操作することで手に入れようとしてしまう傾向があります。

　行動型は、社交的で人脈も広く、だれとでも友達になれますが、人と繋がっている関係性は表面的なレベルに留まっています。

　一方、感情型は他人が自分の存在を喜んでくれるか否かに敏感で、

人が彼らを必要としてくれるときには心地よく感じるものの、そうではないと感じたときには、自分のすべてを否定された気分になります。

　感情型が行動型と関係を築く際、相手が自分に関心がないと感じると、情緒的に不安定になり、抑うつ気分と不安を感じ、周囲のアドバイスも耳に入らなくなってしまいます。

　行動型と接する際には、相手の感情に左右されないような生き方をすることが大切です。

感情型と信念型
適切な距離を取ることが重要

　信念型は、つねに不測の事態を恐れ、悪いことが起きないように用心し、周囲に疑心暗鬼を抱いて、コントロールしようとします。

　そのため人に足を引っ張られてうまくいかないときは、原因となった人に攻撃的な態度を取ります。

　感情型に対し信念型は、最初は開放的に近づいてきますが、なにかのことで傷つくと不安を感じ、疑い深くなって攻撃をはじめます。

　信念型が大声で怒りはじめると、周囲は困惑し、逆らわないほうがいいと思って我慢するようになります。

　そんな信念型は、感情型にとってはときに我慢ならない存在と感じることがあります。感情型にとっては、感情こそが事実であり、相手に対し否定の感情の過剰反応が起こるからです。

　そんな危険なサインが出たときは、人と適切な距離を取ること、安易に逃げないようにすること、相手の反応がどうであれ、自分は価値ある存在であることを忘れないようにすることが大切です。

感情型と反応型
感情を抑えて働きかける

　反応型は子どものようなエネルギーに溢れ、楽しむことが好きで、好きなことをやるときには特にエネルギッシュです。

　しかしその分、自己中心的で、人が自分の思い通りにならないときは不機嫌になり、ふてくされます。

　反応型のオープン・ドアである行動は、受動攻撃性です。彼らはつねに葛藤しており、葛藤してなにかを決めた後も、まだ葛藤を続けているのです。

　そのため、やることに一貫性がなく、とっちらかっている印象を与えます。不満を持ち、それを内にため込んでいることも多くあります。

　彼らと感情型が良い関係をつくる方法は、共通項である楽しむことを共有することです。

　そして過剰に感情的に反応することに注意し、楽しく話しかけるのが効果的です。

　そうすることで感情型にとっても心地良く、お互いに良い関係を築くことができるようになります。

感情型と思考型
質問を投げかけ共感する

　一生懸命なにかをやっていないと不安を感じてしまうのが思考型です。その一方で、問題が起こったときは解決のためにすぐ行動するのではなく、くよくよしがちです。

　そんなとき思考型の行動を直接批判すると、思考型は自分を否定し、価値がないと考えてしまいます。

　感情型は自分の気持ちにより添って欲しいタイプなので、思考型のように理屈ばかりを話されても、心地よくありません。さらに自分の言動を理屈で批判されたりすると、自分の存在が傷つけられたように感じてしまいます。

　思考型のオープン・ドアは思考なので、彼らと良い関係をつくるには、適切な質問を投げかけ、彼らの思考に働きかけることが効果的です。彼らは思考するのが好きなので、信頼関係を築くきっかけになります。さらに彼らの考えについて尋ね、それに共感すると、思考型はさらに考えを進めるので、良いところを引き出すことができるようになります。

　感情型は、その名の通り情に厚い性格の持ち主です。感覚と感情に触れる事を何より好みます。例え思考型や信念型のような生真面目で冷淡なタイプであっても、そこに人情味やサポートすべき意義のようなものを感じると率先して動くのです。感情型は福祉精神そのもののような存在とも言えます。人との良好な関係性を大事に築きたい場合には、感情型の存在は欠かせないものになります。

POINT

感情型は行動型
想像型と強いつながり

人格適応論が 絶対と思ってはいけない

人格適応論の6つのタイプを知ることで自分や他人をより深く知ることができたと思います。確かに人格適応論は、一定のデータに基づいて人の人格を洞察するにはぴったりの方法論です。

しかし、気をつけなければいけないのは、適応タイプに書かれていることが絶対だと思い込まないことです。昨今は、臨床の現場でも、すべてのクライアントは、だれ1人として同じタイプは存在しない「個」として支援していく方法論もあり、必ずしも類型化しないのです。

人格適応論による類型化自体も1つの参考例に過ぎません。そもそも適応タイプのパターンはすべての人に該当するものであり、人によって少しずつ偏りが違うという考え方をします。枠にとらわれすぎないように気をつけることが大事です。

STEP 5

理解度チェック

- [ ] 引きこもるのは想像型と思考型と信念型、反応型と感情型は社交的、中間が行動型

- [ ] 想像型は、1人が好きなので、無理に社交性を求めないほうがいい

- [ ] 行動型は、やる気になって前向きに突っ走っているときが一番輝く

- [ ] 信念型は、頑固一徹に我が道を行くので、ついていって間違いなし

- [ ] 反応型は楽しませるとどんどんやるので、太鼓持ちになってあげるといい

- [ ] 思考型は、完璧にすべてを計画的にやりたいので主導権を握らせよう

- [ ] 感情型の楽しみたい気持ちを妨げず、一緒に喜べればまず問題は起きない

index
索引

=

reference books
参考文献

『マンガでやさしくわかる認知行動療法』
玉井仁(著)／日本能率協会マネジメントセンター／2016

『自分をもっと好きになるノート　認知行動療法で自己肯定感を育てる』
玉井仁(著) 百万友輝(マンガ)／日本能率協会マネジメントセンター／2019

『自分に「いいね!」ができるようになる本』
玉井　仁(著)／清流出版／2017

『交流分析にもとづくカウンセリング　再決断療法・人格適応論・感情処理
法をとおして学ぶ』
倉成宣佳(著)／ミネルヴァ書房／2015

監修
玉井 仁

ロンドン大学ユニバーシティ・カレッジ・ロンドン卒業。玉井心理研究室代表。東京メンタルヘルス・カウンセリングセンター長を務める。公的機関にて教育相談員として勤務の後、CIAP相談室相談員、IFF（家族機能研究所）セラピスト・室長を経て現職。『マンガでやさしくわかる認知行動療法』『自分をもっと好きになるノート』（日本能率協会マネジメントセンター）ほか著書多数。

STAFF

編集	木村伸司、山口大介（株式会社G.B.）、有田帆太（アジール）
イラスト	フクイサチヨ
執筆協力	有田帆太（アジール）、内山慎太郎、仙波晃、村沢譲
デザイン	山口喜秀（Q.design）
DTP	川口智之（シンカ製作所）

認知行動療法で
周囲の気持ちがわかる自分になる

2021年4月30日　初版第1刷発行

監修	玉井　仁
	© 2021 Hitoshi Tamai
発行者	張 士洛
発行所	日本能率協会マネジメントセンター
	〒103-6009　東京都中央区日本橋2-7-1　東京日本橋タワー
	TEL 03（6362）4339（編集）／ 03（6362）4558（販売）
	FAX 03（3272）8128（編集）／ 03（3272）8127（販売）
	https://www.jmam.co.jp/

印刷・製本　三松堂株式会社

ISBN　978-4-8207-2895-5　C0011
落丁・乱丁はおとりかえします。
PRINTED IN JAPAN